KB272372

숨바꼭질

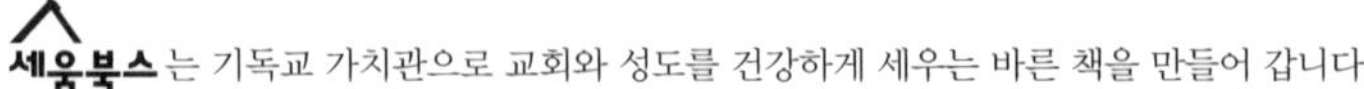

숨바꼭질

간질, 고통 뒤에 숨어 계신 하나님을 찾는 법

초판 1쇄 인쇄 2026년 3월 30일
초판 1쇄 발행 2026년 4월 15일

지은이 | 김도운
펴낸이 | 강인구

펴낸곳 | 세움북스
등 록 | 제2014-000144호
주 소 | 서울시 종로구 대학로 19 한국기독교회관 1010호
전 화 | 02-3144-3500
이메일 | cdgn@daum.net

디자인 | 참디자인

ISBN 979-11-93996-76-8 (03230)

김도운
숨바꼭질
간절히, 고통 뒤에 숨어 계신 하나님을 찾는 법
세움북스

불편한   부르심

나는 간질을 숨기며 살았다. 숨겨야 살 수 있고 들키지 않아야 물어뜯기지 않는 현실이니 말이다. 하지만 발작을 들키면 숨겨 온 게 아무 소용이 없어졌다. 발작은 현실에서 어김없이 '병신'이라는 말로 번역되고, 연민은 얼마 못 가 거부와 경멸로 탈바꿈되니. 무엇보다 동정과 배려 속에 감추어진 친절한 멸시와 다정한 차별은 어둠 속에서도 빛나는 그림자가 되어 버리니 말이다.

아무튼 이쯤 되면 나도 숨기는 걸 내려놓고 다른 궁리를 찾을 법도 한데, 그러지 않았다. 숨길 수만 있으면 최대한으로 숨겼다. 모두가 알아도 내가 모르는 척했고, 발작으로 과녁이 되어도 끝까지 버티며 말하지 않았다. 불가피한 경우에는 어쩔 수 없이 말했지만, 그건 마치 내게 인질극 같은 것이어서 어쩔 도리가 없었다. 아무튼 나는 열 명보다 아홉이 나았고 아홉보다는 여덟이 나았으니, 최대한 말하지 않았다. 가끔 나는 '언젠가는 말하지 않을까' 하고 생각해 봤는데, 생각할 가치도 없는 생각이었다.

이런 내게, 하나님께서 '간질'에 대해 쓰라고 하셨다. 쓰기 싫었고, 쓸 수 없었다. 내게 현실은 고통, 차별, 멸시일 뿐인데, 무얼 쓴단 말인가. 하나님은 계속 요구하셨다. 그 고통을, 그 차별과 멸시를 쓰라고….

기억하기 싫은 날들이 기억되는 것도 죽을 맛인데, 기억하기 싫은 그날들을 글로 기억하려고 하니 보통 괴로운 일이 아니었다. 그렇지만 어쩌겠나. 쓰기로 마음먹었으니, 그 고통은 감내해야 했다. 그러나 이놈의 고통은 사라질 줄을 몰랐다. 쓰기 싫은 걸 이렇게 쓰고 있으면 하나님께서 상황을 좋게 열어 주셔야 하는 게 아닌가 싶은데, 오히려 문장들 사이에서 피어오르는 고통들은 간질을 다시 살찌웠다.

그렇게 얼마쯤 썼을까. 어느 순간부터인지는 모르겠는데, 아무리 써 내려가도 문장들이 아프지 않았다. 애써 외면했던 절망이 뿌리를 내려 다시 공포를 피워 올려도 나는 그것들을 마주할 수 있었다. 그뿐만 아니다. 나는 앞에서 말했다시피 간질을 지독하게도 숨겼다. 그런데 이런 내가 간질을 자발적으로 말하기 시작했다. 평생 하지 못했고, 평생 할 수 없을 거라 여겼던 그 일을 말이다. 물론 어설프고 어정쩡했지만, 괜찮았다. 아프지 않았고, 두렵지 않았다.

날 향한 하나님의 부르심은 그야말로 내게 '불편한 부르심'이었는데, 이 불편한 부르심이 내 오래된 번민을 걷어 내기 시작했다.

이런 놀라운 일을 경험했지만, 내게는 아직 해결되지 않은 것들이 많다. 그래서 나는 오늘도 생각한다. 하나님의 약속과 부르심 앞에서, 믿음이라는 신비로운 의지 앞에서 끊임없이…. 설명할 수 없는 긍정을 경험했어도, 여전히 내 앞에는 설명할 수 없는 부정들이 많기에….

당신을 향한 하나님의 부르심은 어떠한가? 나처럼 불편한가? 아니면 희망적인가? 혹시 하나님도 모르겠고, 부르심도 모르겠고, 그냥 다 잘 모르겠는가? 분명한 건, 하나님의 부르심은 다 이해되지 않지만 이해되지 않음으로 결론 나지는 않는다는 것이다.

이는 내 생각이 너희의 생각과 다르며 내 길은 너희의 길과
다름이니라 여호와의 말씀이니라 이는 하늘이 땅보다 높음같
이 내 길은 너희의 길보다 높으며 내 생각은 너희의 생각보다
높음이니라(사 55:8-9)

하나님이 당신을 부르셨다. 지금 이 책을 읽고 있다는 것이 그
증거다. 하나님의 부르심이 당신을 불편하게 할지, 환호하게 할
지, 당황하게 할지, 그건 잘 모르겠다. 다만 확실한 건, 나의 부
정을 지금도 허물고 계신 하나님께서 당신의 부정도 하나씩 허
물어 가실 것이다.

당신의 지금은 어떠한가? 상실에 갇혀서 막막한가? 아니면 더
깊은 절규로 추락하는 중인가? 당신에게 구체적으로 어떤 고통
과 괴로움이 있는지 모르지만, 이 책은 분명 허무로 끝나지 않을
것이다. 이유는 명료하다.

하나님이 당신을 부르셨다.

숨바꼭질

01 몹쓸 병

너무 싫다

간질[1]은 '전조 증상'과 '발작'으로 나뉜다. 하지만 전조 증상만 있거나, 발작만 하는 경우는 없다. 전조 증상은 발작으로 이어지고, 발작은 전조 증상 없이 시작되지 않는다. 이것은 간질의 상태와 환자 상황에 따라 다 다르지만, 내 경우에는 전조 증상이 시작되면 언제나 발작으로 끝났다.

전조 증상의 시간은 짧게는 몇십 초, 길게는 몇십 분 동안 이어지기도 한다. 전조 증상이 시작되면, 심장은 덜컥 내려앉고 머리

---

1 현재는 '뇌전증'이라는 용어로 변경되었다. 하지만 이 책에서는 모두에게 익숙한 용어인 '간질'을 사용하겠다.

는 '둥'[2] 하면서 멍해진다. 이때부터 불안감은 최고치로 올라가며, 답답함과 공포감은 뭐라 설명할 수 없을 정도가 된다. 시간이 지날수록 시야는 좁아지고, 정신은 아득해지며, 무엇보다 주변을 분간하지 못하게 된다. 내가 지금 하는 행동이 무슨 행동인지를 잊어버리고, 하려고 했던 행동이나 말도 왜 하려고 했는지 도무지 생각나지 않는다. 생각해 내려고 생각하는데도 아무런 생각이 나지 않는다. 나중에는 내가 누구인지도 모르고, 내가 무엇인지도 모른 채 그렇게… 꺼져 버린다.[3]

발작이 시작되면, 눈동자가 뒤집히고, 입은 거품을 뱉어 내며, 머리를 비롯한 사지는 펄떡펄떡 떨고 꺾인다. 깨어나면 의식을 잃은 그곳에서 깨어나기도 하지만, 의식을 잃은 자리가 아닌 다른 곳에서 깨어나기도 한다. 발작이 끝나고 의식이 돌아오면, 세상 좆같다.

엄마는 나에게 종종 미안하다고 하시는데, 제발 그 말 좀 안 하시

2 　사실 '둥'이라는 표현도 적절하지는 않다. 실제로는 여러 가지 느낌이 섞여 있다. 우선 급격하게 답답해지면서 멍해지는데, 가슴이 답답한 게 아니라 머리가 꽉 막혀 갑갑한 느낌이다. 게다가 머리를 쪼그라트리는 것 같은 느낌과 쨍해지는 느낌이 동시에 일어나는데, 그때부터 내 의지와 상관없이 머리통이 펄떡거리는 게 느껴진다. 하지만 도무지 제어할 수 없다.
3 　이때 바로 쓰러져서 발작하기도 하고, 또는 이때부터 의식 없는 상태로 걸어 다니기도 한다. 의식 없는 상태로 걸어 다니면 매우 위험하다. 차도로 나가거나, 높은 곳에서 추락할 수도 있기 때문이다.

면 좋겠다. 내가 제일 듣기 싫은 말이다. 간질에 걸린 게 엄마 탓도 아닌데, 왜 자꾸 미안하다고 하시는 건지…. 그리 미안하면 차라리 죽게 내버려뒀어야지…. 엄마가 미안하다고 하시면, 나는 늘 이런 못된 말로 대화를 끝내곤 했다. 생각해 보면, 사과는 잘못을 전제하고 용서가 필요한 건데, 엄마의 '미안해'는 그 어떤 것도 해당되지 않았다. 그래서 그 '미안해'라는 말이 더 듣기 싫었다.

내가 간질에 걸린 게 조상의 죄 또는 저주 때문이라고 말하는 사람들이 있는데, 그런 개소리는 그만 좀 지껄였으면 좋겠다. 우리만 조상의 죄가 있나? 그럼 형통한 자는 조상이 덕만 쌓았다는 것인가? 정말 빌어먹을 것들이다. 비가 내릴 때 누구는 집에 있고, 누구는 우산을 쓰고 있고, 누구는 우산 없이 비를 다 맞기도 하는 건데, 나는 홀딱 다 젖었으니 저주받았다고 말하는 것이 아닌가. 내 생각에 간질은 '비' 같은 거다. 이건 저주가 아니다.

신앙이 있다는 것들은

신앙이 있다는 것들은 우리에게 숨기고 있는 죄가 있어서 간질에 걸린 거라고 말했다. 그리고 회개하지 않은 그 죄 때문에 귀신이 역사하는 것이니, 그걸 찾아 회개하라고 말했다. 또 저들은 믿음이 잘못돼서 간질이 낫지 않는 것이니 믿음을 다시 세우라고, 기도가 부족하니 기도의 양을 채우고 질을 높이라며, 그리고 무엇보다 정성에 정성을 다하라고 했다. 너에게 고난이 닥치면, 저 말들을 그대로 전해 주겠다고 마음먹었다. 물론 우리 곁에는 애틋한 마음을 품은 따뜻한 신앙인들이 훨씬 많다. 하지만 저 미꾸라지들의 주둥이는 멈추지를 않았다. 신의 대리인 놀이에 취해 버린 저것들이 그 비열한 혓바닥을 날름거릴 때마다 나는 억장이 무너졌다.

어떤 새끼가 내 앞에서 눈깔을 위로 뒤집어 까고는 노래를 부르며 다가왔다.

'간질, 간질, 간~질 대가리가 간지러워 지랄을 떠네 / 간질, 간질, 간~질 대가리가 간지러워 병신이 됐네 / 간질, 간질, 간~질 대가리가 병신이니 지랄 좀 해 봐. 지랄 좀 해 봐!'

또 다리는 절뚝이고 팔은 떨고 꺾으면서 얼마나 최선을 다하는지…. 저 미친 새끼는 나를 괴롭히는 이 자체를 사랑하는 것 같았다. 그렇지 않고서는 저렇게 성실하게 변함없이 할 수가 없다.

내가 눈앞에 있는 한 영원히 계속 저 지랄을 할 것 같았다. 병신 같은 모습을 하고는 내 앞에서 매일 얼쩡거리는데, 진짜 병신이 됐으면 좋겠다고 생각했다.

목사님은 성경을 들어 말씀하셨다. 하나님께서 나를 낳으셨고, 만드셨다고…. 그래서 세상 그 무엇보다 귀하고 아름답고 사랑스럽다고…. 믿을수록 괴롭다. 살아가는 내 하루는 천하고 외로웠고 처절했다. 사랑은 무엇이고, 그 사랑은 어디에 있는가? 밤하늘 저 별은 저리 예쁘고 아름답게 빛나는데, 저 별보다 더 빛나고 아름답다는 나는 빛을 잃은 돌덩이인지라 어두운 건지, 아니면 어둠에 먹혀 버려서 어두운 건지…. 나는 이 어둠이 도무지 이해되지 않았다.

나는 간질이 너무 싫다. 아픈 것도 싫고, 가족이 죄인처럼 기죽어 있는 것도 싫고, 사람들의 눈과 입도 싫고, 괴롭힘당하는 것은 말할 것도 없다. 병인데 이걸 고칠 방법은 없고 오히려 병신 취급만 당하니, 이놈의 몹쓸 병이 너무 원망스러웠다. 절망보다 막연한 희망이 더 아플 뿐이고, 오늘 버티고 참아 봤자 내일도 버텨야 하고 참아야 하니, 인생 참 거지 같았다. 인생은 알 수 없는 거라고 했는데, 내 인생은 왠지 알 수 있을 것만 같아 내일이 싫었다. 하지만 그렇게 내일이 싫어도, 내일은 아무렇지 않게 시작됐다.

그럼에도 불구하고 나는…

나는 하나님이 좋아하시는 것은 뭐든 다 하고, 하나님이 싫어하시는 것은 절대 하지 않겠다며 제발 좀 고쳐 달라고 간절히 빌었다. 유치하고 이기적인 기도. 나는 할 수 있는 게 이거 말고는 아무것도 없었다. 또 뭐가 됐든 다 잘못했다고 기도하면서, 내가 살아 있는 게 죄라면 이것 또한 잘못했다고, 살아 있어서 죄송하다고 기도했다. 나중에는 뭘 잘못했는지도, 어떤 것을 구해야 하는지도 모른 채, 일단 닥치는 대로 하나님께 잘못했다며 빌고 또 빌었다. 그래야 나를 좀 봐 주실 것 같았고, 그래야만 고쳐 주실 것 같았다. 하나님이 아니고서는 이 병을 고칠 길이 없었으니 말이다.

나는 믿는다. 하나님은 내가 고통 중에 있더라도 그 고통에 지배당하지 않게 만드실 거다. 절망에 속해 있더라도 그 절망에 잡아먹히지 않게 하실 거다. 죽음을 마신 예수도 하나님께서 부활로 일으키셨는데, 이까짓 간질 따위는 하나님께 아무것도 아니다.

선하신 하나님은 반드시 나를 고치시고 살리실 거다. 항상 그렇게 해 오신 하나님께서, 내게도 그렇게 하실 거다. 나는 믿는다, 나는 믿는다.

어느 날 갑자기, 전조 증상이 또 시작됐다.

02 하나님은 없었다

발작을 하고 나면

길을 걷다가 별안간 발작이 시작됐다. …

과거에 일어난 일을 한 문장으로 썼을 뿐인데, 숨이 턱 막히고 불안하다. 그저 떠올리는 것뿐인데도 그때의 공포감, 소외감, 버려짐, 고통이 고스란히 느껴진다. 그런데 이걸 어떻게 설명할 수 있을까, 아니 설명이 과연 가능할까? 어떻게 해야 할지를 모르겠다. 간질 걸린 고양이가 발작하는 모습을 영상으로 본 적이 있다. 그 조그만 동물이 온몸을 팔딱거리며 거품을 무는데… 미치겠더라. 어릴 때부터 나를 괴롭혔던 간질, 오래된 일이라 덤덤하게 얘기할 수 있을 것 같았는데… 고양이 영상을 봤을 때처럼, 미치겠더라….

기적이 일어났던 순간은 없었지만, 지금 살아 있으니 기적이겠지. 언제라도 죽었으면 이 불안, 고통, 고난을 다 겪지 않고, 기억도 하지 못할 텐데, 살아 있으니 이것들을 다 느끼는 것 아니겠는가. 그렇다면 아픔을 느낄 수 있고 그 아픔을 기억할 수 있는 것, 살아 있기에 느낄 수 있는 이것을 생의 기적이라 부를 수 있지 않을까? 아니, 이제부터라도 '기적'이라 불러야겠다. 그래, 기적을 이어 가자! 불안하더라도 기적을 이어 나가자! 아픔을 떠올릴 때마다 함께 떠오르는 가슴의 미어짐을 기적이라 여겨 보자.

길을 걷다가 별안간 발작이 시작됐다. 심장은 '쿵' 하고 내려앉고, 머리는 싸해졌다. 오늘이 무슨 날인지, 내가 누구를 필요로 하는지, 나를 보고 싶어 하는 이가 누군지, 여기가 어디고 내가 누군지가 도무지 기억나지 않았다. 내 안에 있는 내가 나를 보고 있어서인가, 어느새 눈물이 고였다. 엄마가 나한테 해준 말, "하나님은 너를 사랑하시고, 너와 함께 계셔"라는 말이 나에게 가장 큰 거짓말이 되어 버렸다.

지금 나를 잡아 줄 손이 하나도 없다. 나를 안아 줄 몸도 없다. 이제 곧 제멋대로 꺾이고 펄떡거릴 내 몸을 볼 눈들만 가득할 뿐. 엄마 아빠가 너무 미운데, 너무 보고 싶다. 그 순간 눈동자는 홱 돌아갔고, 고개는 펄떡거렸다. 세상은 살 만하고 아름답다고? 부유한 집에 사는 개나 그렇겠지. 눈뜨면 길바닥에 버려져 있는 내가 할 수 있는 말은 아니다. 하나님이 옆에 계셨다면, 하나님의 손가락을 꽉 잡고 놓지 않았을 텐데. 하나님의 손가락이 시퍼렇게 멍이 들 정도로 꽉 잡았을 텐데…. 그런데 잡을 수 있는 게 아무것도 없었다. 내 손바닥에 손톱자국만이 가득했다.

발작을 하고서 깨어나면, 땅은 무대처럼 나를 세워 버린다. 피떡이 된 나. 사람들은 나를 모른 척하고, 나도 그들을 모른 척한다. 그렇게 땅이라는 무대는 나를 데리고서 엔딩 없는 외면을 공연한다. 이 저주받을 땅 같으니라고! 태양은 또 어떻고! 사람들에게 씹을 거리 제공하는 못되고 배부른 술집 주인이나 다름없다.

나는 잘못한 것이 없는데 아주 대단히 큰 잘못을 저지른 사람처럼 길을 걷기 시작했다. 저주받은 런웨이의 시작.

나에게만 없다

하나님은 계시는 데, 없다. 하나님은 여기도 계시고

저기도 계시는데, 나에게만 없다. 쟤 옆에는 있는데, 내 옆에는 안 보인다. 쟤는 하나님 때문에 기뻐하는데, 나는 하나님 때문에 외롭다. 시간은 적이다. 시간이 흐를수록 외로움은 공포로 변해 간다. 차라리 안 계시면 모두에게 공평할 텐데, 계시는데 나에게만 없다. 하나님께 살려 달라고 고쳐 달라고 기도하는데, 시간은 또다시 적이다. 기도할수록 고독이 커져만 간다. 하나님께서 모두에게 흰 것을 주실 때, 나에게는 아무 색이라도 주시면 좋으련만…. 나에게는 아무것도 없다. 저기에는 계시는데 나에게는 없고, 내 옆에는 없는데 쟤 옆에는 계신다. 하나님을 믿는다고 해도, 하나님만을 의지한다 해도, 하나님만이 나를 고치실 수 있다고 외쳐 봐도, 변하는 건 없다.

하나님이 살아 계시니 다른 곳에 갈 수도 없다. 뒤도 안 돌아보고 가 버리고 싶은데, 그러다가 진짜 끝날까 봐 그렇게는 못 하겠다. 나에게 하나님은 신인 동시에 갑이다. 이게 나는 너무 아프다. 계시는데, 나한테는 없다. 하나님께서 나에게 햇빛처럼은 아니어도, 달빛처럼 혹은 별빛만큼이라도 비춰 주면 얼마나 좋을까! 그럼, 얼마든지 기다릴 수 있을 텐데…. 혹시 하나님을 엿볼 수 있을까? 하나님을 엿볼 수 있다면, 하나님께서 누굴 보시는지 보고 싶다. 그래야 나도 부재의 숲에서 나갈 수 있을 테니 말이다. 그런데 아무리 노력하고 발버둥 쳐도, 간질은 그대로였다. 하나님도….

엄마는 만신창이가 된 나를 뜨겁게 사랑한다. 아빠는 그런 나를 숨기지 않는다. 그런데 창조주는…? 그래. 연극, 차라리 이 모든 것이 연극이라면 얼마나 좋을까? 피조된 사람들, 창조주의 부재, 사람들의 고통과 불안이 표현되는 무대. 하지만 이것은 연극도 철학도 토론도 아니다. 내 살과 뼈에서 일어나는 일이다. 살아 있다는 것, 나에게는 아름답지만 동시에 공포스러운 현실이다.

하나님은 이스라엘 자손들의 고통 소리를 들으시고 그들을 돌보셨다. 성경에 써 있는 사실이다. 이스라엘 자손들도 사람이고 나도 사람이 아닌가. 나도 아프고, 나도 부르짖었다. 그런데 나에게는 아무 일도 일어나지 않았다. 혹시 그들의 고통에 비하면 내 고통은 초라한 것인가? 그렇다면 더 참혹하고 더 비참해야 할까? 다시 하나님을 찾았다.

하나님께서 생명을 만드시고 하신 일은 무엇일까. 곰곰이 생각해 보면 그것은 부르는 것이요, 찾는 것이다. 하나님은 자신의 첫 피조물인 아담이 죄를 짓고 숨었을 때 그의 이름을 부르시고 찾으셨다. 자기 동생을 죽인 가인에게도 찾아가셨다. 하나님은 부르시는 자요, 찾으시는 자다. 그렇다면 부르는 자의 마음, 찾는 자의 마음, 내 마음을 누구보다 잘 아신다. 그런데, 그런 창조주가 왜 나의 부르짖음과 외침에는 외면하시고 지나치시는가.

하나님을 찾는 이유가 간질을 고치는 것에만 집중되어 있고 치우쳐 있어서인가? 하나님의 이름을 부르는 것이 너무 목적주의적인가? 그런데 하나님부터가 그러신 분이시다. 하나님이 누군가를 부르실 때는 목적과 이유가 있다. 사람을 만드신 하나님은 구경자가 아니요, 봄, 여름, 가을, 겨울이다. 그 하나님의 부르심에는 뜻이 있다. 그것은 살리고 고치고 회복하는 것이다. 하나님의 부르심은 생명을 이어간다. 그러니 나도 찾고 외치고 부르짖는 것이다. 나 좀 봐달라고, 나 좀 살려달라고, 나 좀 고쳐 달라고…. 하나님이 가장 우선으로 하시는 일, 존재 이유 이자 그의 본질인 구원을 나에게도 달라고 말하는 것이다.

하나님은 계셨다

나는 가끔 하나님 꿈을 꾼다. 거기서는 하나님을 찾을

필요도 없고, 기도도 하지 않고, 분주해하거나 조급해하지도 않는다. 아무것도 안 해도 편하고 좋다. 그런데 깨어나면 아무리 해도 아무 일도 일어나지 않았다. 이게 너무 무섭다. 내가 느끼는 이 하나님의 부재를 뭐라고 설명할 수 있을까? 어떻게 이해할 수 있을까? 생각은 많아지는데 생각하기 싫다. 그냥 꿈이나 꾸고 싶다. 거기서는 내가 하나님께 등을 보여도 행복하기 때문이다.

해가 지면 빛은 없어진다. 하지만 그 빛을 잃어버린 것은 아니다. 잠시 햇빛이 필요한 자들에게 갔다가 다시 나에게로 온다. 하나님께서 창조하신 태양도 그렇게 나를 잊지 않고 찾아오는데, 하나님을 찾는 나에게 하나님은 왜 숨어만 계시는가! 나는 특별한 빛을 구하는 것이 아니다. 다시 내 앞에 떠오를 태양처럼, 나를 만드신 하나님을 기다리는 것이다. 그래. 하나님은 영원하시고 나는 언젠가 죽으니, 언젠가는 만나겠지….

그런데 하나님은 정말이지, 순식간에 찾아오셨다. 마치 습격하듯 말이다. 나는 아무것도 할 수 없었고, 그저 휘몰아치는 대로 따라가야 했다. 하나님은 먼저 내 머리와 마음속을 드러내셨다. 그곳에는 신이 죽어 있었다. 내 간질을 반드시 고쳐야 하는 신, 내 바람들을 꼭 들어줘야 하는 신, 귀는 있지만 입은 없고 손은 있지만 다리가 없는 그 신이 죽어 있었다. 그것은 내가 만든 신이었다. 나는 진짜 하나님을 등진 채 가짜 신을 붙잡고는 반드시 다시 만나겠다며, 찾겠다며, 그렇게 외치고 있었던 것이다. 내 안에 하나님이 계셨음에도, 나는 내가 만든 죽은 신에게 빌고 있었다. 우상 숭배는 내 안에 있었다.

더 나아가 하나님은 완벽하게 자신을 보이셨다. 탐욕과 교활로 세워진 두 개의 십자가 사이에 우뚝 세워진 단 하나의 십자가, 그곳에 빛이 매달려 있었다. 죽어야지만 내려올 수 있는 십자가 위에 생명이 묶여 있었다. 손과 발에 때려 박는 못을 시작으로, 십자가 위에서의 외침이, 죄 없는 자의 울부짖음이 시작되었다. 그렇게 하나님의 외면이 시작되었고, 저주받은 무지개가 십자가 위에 떠올랐다. 가장 처참하고 참혹하게 버림받으신 예수님 말이다.

나는 간질을 고치기 위해서 능력의 하나님이 필요했다. 끌려오고 잡혀 오고 침 뱉음당하고 십자가에 매달림당한 예수님이 아니라, 병자를 고치시고 귀신을 내쫓으시며 기적을 행하시고 파도를 잠잠케 하시는 하나님 말이다. 그런데 진짜 능력은 여기 십자가에 있었다. 예수님은 끌려오거나 잡혀 오거나 매달림당한 적이 없으셨다. 예수님은 스스로 가시밭길을 걸으셨고, 스스로 상처투성이가 되셨고, 스스로 십자가를 지셨고, 스스로 십자가에 매달리셨다. 사람들을 구원하시기 위해 자신을 괴물들에게 던지셨다. 그 예수님이 나와 항상 함께 계셨다. 내 안에 늘 함께하셨다. 외면당하신 분이 내가 당하는 외면을 함께하고 계셨다.

하나님에 대한 부재감은 괴물을 만드는 것이 아니라, 괴물로 가는 것을 막는 하나님의 비책이다. 내가 느꼈던 부재감은 버림이 아니라 하나님의 타이밍이었고, 괴물로 변해 가는 나를 막아 주는 하나님의 섭리였다. 결국 그 부재감이 내 안의 우상을 보게 했으며, 더 나아가 참하나님을 만나게 했다. 나는 믿는다. 십자가 앞에 서 있는 우리에게 하나님에 대한 부재감은 또 다른 형태의 축복이 될 것임을….

간질을 고쳐 달라는 기도는 지금도 여전히 하고 있지만, 이제는 간질에 감사가 붙었다. 내 안에 내가 바란 하나님은 없었다. 내 안에는 내가 버린 하나님만 있었다. 아무 힘 없이 고난당하신, 낮은 곳으로 오신 그 하나님만이 계셨다.

03 왜 하나님을 믿어도…

외면과 저주의 경주

눈이 떠졌는데, 길바닥이다. 얼마나 오랫동안 누워 있었을까? 할 수 있는 게 아무것도 없다. 시간이 지나도 여전히 움직일 수가 없다. 나는 오롯이 병신처럼 땅바닥에 처박혀 있다. 비린 피 냄새만 진하게 느껴질 뿐이다. 발작해서 쓰러진 것도 최악인데, 의식이 돌아와도 별수 없으니 깨어났어도 최악이다.

그런 내 눈에 보이는 건 휙휙 지나가는 사람들뿐이다. 내가 안 보일 리도 없다. 여기 있는 사람들이 다 사라져 버렸으면 좋겠다. 애든 어른이든 할 것 없이 모두 다 없어져 버렸으면 좋겠다. 사람 위에 사람 없고 사람 밑에 사람 없다더니, 내가 경험한 길바닥은 정반대다. 그곳은 지독하게 잔인하고 외롭다. 사람들은 사랑으로 태어났고 사랑으로 살아간다지만, 웃긴다.

길 위…. 나는 혼자가 아닌데 혼자다. 차라리 정말 혼자였다면 그게 더 나았을 텐데, 사람들이 내 곁을 아무렇지 않게 지나간다. 누구는 떠들면서, 누구는 구경하듯 빤히 쳐다보면서, 누구는 자기 아이의 눈을 가리고서는 눈살을 찌그리면서…. 어찌 보면 별거 아닌 표정들인데, 그 별거 아닌 것들이 나를 무너뜨린다.

나는 머릿속이 텅 비어 버렸다. 한 가지 바람만 빼고 말이다. 저들이 눈이 멀고 귀가 먹어 손발이 잘려 나가길 바랐다. 아니, 병에 걸려 외면과 고독 속에서 비참하게 죽어 버리기를, 저들이 사랑하는 이가 미쳐 버리기를, 저들이 아끼는 자가 저들 앞에서 자살하기를 바랐다.

숨을 쉬는 것인지, 저주를 쉬는 것인지…. 나는 혼잣말로 계속 중얼거렸다. 귀먹고 눈이 멀어 가장 아끼는 자의 고통에 무능하기를, 손과 발이 잘린 채 느린 자살을 당하기를…. 내게 묻어있는 이 비린 피 냄새가 그들의 집에 가득하고, 그들이 사랑하는 이는 간질에 걸려 절망하기를. 집으로 걸어가며 끊임없이 욕하고 저주했다. 나는 일어나 걸었고, 사람들은 외면했다. 나는 저주했고, 사람들은 외면했다. 내가 걷는 이 길은 외면과 저주가 서로 경주하는 트랙이었다.

나는 이 빌어먹을 경주를 멈추지 않았다. 이제까지 본 적 없는 최고의 멸망과 최대의 파멸이 너와 네가 지키고자 하는 이에게 퍼부어지기를, 그리고 온갖 모욕과 손가락질이 저들을 따르며 수치와 치욕이 그들의 이름이 되기를, 햇빛은 불이 되고 비는 칼날이 되어 타 죽고 찢겨 죽기를…. 내 분노는 끊이지 않았다. 내가 뱉어 내는 이 저주들은 지옥의 노래요, 집을 향한 내 걸음은 저주의 행진이다. 하지만 나는 멈추기 싫었고, 멈출 수 없었다.

누가 술래인가?

집에 도착했다. 외로움과 괴로움을 가지고서 들어왔다. 깨진 얼굴과 피 묻은 옷을 본 엄마는 아무 말 없이 이리저리 움직였다. 그러고는 도대체 뭐가 감사한 건지 혼잣말로 "감사합니다. 하나님, 감사합니다"를 연신 되풀이하셨다. 나 들으라는 소리는 아니었겠지만, 자꾸만 저 말에 짜증이 났고 엄마가 불쌍했다. 머리는 계속 깨질 듯 아픈데, 할 수 있는 게 아무것도 없었다. 시간이 갈수록 괴로움만 쌓여 갔다.

나는 하나님께 묻고 또 물었다. 누구는 하나님께서 고쳐 주셨다는데, 나는 왜 이 상태인 건지, 언제까지 이 더럽고 거지 같은 기분을 느껴야 하는 건지, 하나님은 구원하시는 분이시고 고치시는 분이시고 살리시는 분이신데, 대체 나는 왜 그러는 건지. 나는 묻고 또 물었다. 하지만 아무 응답이 없었다.

숨바꼭질이 시작되면, 술래는 숨은 사람을 찾기 시작한다. 술래는 아무도 안 보이지만 안다. 아무도 없는 듯하지만, 주변에 모두가 숨어 있다는 것을…. 나는 안다. 대답이 있든 없든, 하나님은 살아 계시다는 것을…. 그래서 짜증이 나지만, 그렇기에 아무 데도 가지 않는다. 뜬금없이 내가 술래인지 하나님이 술래인지 헷갈린다. 내가 숨은 것인가, 하나님이 숨은 것인가? 내가 하나님을 찾는 것인가, 하나님이 나를 찾는 것인가? 잘 모르겠다. 하지만 한 가지 분명한 것은, 나에게는 아직 아무 일도 안 일어났다는 것. 술래든 아니든, 나는 그저 하나님을 찾는다.

십자가 앞은 예배당인가, 지옥인가?

보통, 예배가 끝나면 사람들은 예배당에 남아 기도한다. 나도 그렇다. 불 꺼진 예배당 안에서 소리를 꽥 지르거나 손을 번쩍 들거나 싹싹 빌기도 하고, 일어나 발을 팍팍 구르며 몸부림을 치기도 한다. 간절한데, 할 수 있는 게 이것뿐이다. 어두컴컴한 예배당 안, 보이는 건 덩그러니 서 있는 십자가뿐이고 들리는 건 사람들의 기도 소리뿐이다. 고통 소리, 비명과도 같은 울부짖음, 탄식과 한숨, 그리고 슬픔과 외로움이 사무친 소리들. 그런데 그 외침들을 가만히 듣고 있다 보면, 이곳이 하나님을 예배하는 곳인지, 아니면 하나님 없는 지옥인지 분간이 안 간다. 얼마나 아프고 외로웠으면 저리 절규할까, 얼마나 무섭고 괴로웠길래 저리 통곡할까. 시간이 흐를수록 십자가 앞은 지옥이 되어 간다.

어느새 예배당 안은 조용해졌다. 꺽꺽거리며 울부짖는 소리는 멈춰 버렸고, 애처롭게 빌던 자들은 그곳에 앉은 채 침묵했다. 저들의 침묵은 희망인가, 절망인가? 희망이면 이리 앉아 있을 수 없을 테고, 절망이어도 이리 앉아 있을 수 없을 텐데…. 내 눈에 그들은 그냥 그곳에 앉은 채 죽어 버린 것 같았다. 십자가 앞, 나는 여전히 괴롭고 외롭다.

나의 아버지시요, 믿는 자들의 아빠 되시는 하나님을 이렇게까지 간절하고 처량하게 찾는 게 맞는 것일까? 순간 이런 생각들이 떠올랐지만, 생각은 생각이고 행동은 행동이다. 나는 다시 하던 대로 하나님을 찾으며 부르짖었다. 하지만 아무리 부르짖어도 나에게는 아무 일도 일어나지 않았다. 나는 십자가 앞에서 하나님이 약속하신 바를 바랐을 뿐인데, 이제는 적막함만 흐른다. 아무리 부르짖어도 아무 일도 일어나지 않는 예배당은, 아무 일도 일어나지 않았던 길바닥이랑 다를 게 없었다. 길바닥에서는 혼자 일어나고, 예배당에서는 지쳐 일어나고…. 아무튼 거기나 여기나 둘 다 기분 별로다.

그래도 다시 하나님께 나아가 십자가 앞에 섰다. 하나님을 사랑해서라기보다는 하나님의 사랑하심을 확인하고 싶어서 간 것이다. 하나님은 세상을 사랑한다고 하셨고, 사람을 사랑한다고 하셨고, 사람을 고친다고 하셨다. 그래서 갔고, 또 십자가 앞에 섰다. 나에게 아무 일도 일어나지 않았다고 해서, 하나님이 아무것도 아닌 것은 아니니 말이다. 하지만 십자가 앞에서 내 시간과 계절들이 계속 쌓여 가도… 간질은 그대로였다.

나는 하나님이 대체 왜 이러시는지 알 수가 없다. 혹시 나는 신의 가스라이팅에 놀아나는 것인가, 아니면 내가 신을 가스라이팅으로 만드는 것인가? 내 울음소리는 철없는 투정일 뿐인가,

아니면 기도했으니 하나님의 때를 닥치고 기다리면 되는 것인가? 하나님을 믿지만 하나님을 도무지 모르겠다. 하나님이 이러시는 이유도, 그 뜻도, 마음도, 목적도, 아무것도 모르겠다. 무수히 많은 내일을 살다 보면 언젠가는 다 알게 되겠지.

하나님은 살아 계시니….

04 여호와께 부르짖다

십자가만 쳐다봤다

하나님께 얼마나 오랫동안 기도했는 줄 아는가. 정말 징그럽게도 기도했다. 매일 기도실에 갔고, 매일 몇 시간씩 기도했다. 예배 전에 기도하고, 예배드린 후에 기도하고, 기도실에 가서 또 개인적으로 기도하고, 기도 모임에 가서 기도하고, 기도 모임을 만들어 기도하고, 또 모든 공적 모임에 참석해서 기도했다. 기도가 너무 질리고 지겨운데도 기도했다. 이렇게 살 수 없었고, 살고 싶지 않으니 기도했다. 하지만 상황은 전혀 나아지지 않았다.

예배 때 설교하는 자들은 하나님께서 고쳐 주시고 살려 주시고 회복시켜 주시니 하나님을 끝까지 믿으며 기도하라고 했다. 간증하는 사람들도 하나님께서 자신을 고쳐 주셨고 살려 주셨으니, 하나님께 힘을 다해 부르짖으라고 했으며, 하나님께서 반드시 역사하시니 포기하지 말고 최선을 다해 부르짖으라고 했다. 맞다. 부르짖어야 한다. 그러나 알고 있고, 하고 있는데도, 그 말을 듣고 있으면 외로웠다. 왜 나는 그대로일까? 내 옆에서 울부짖는 이들의 부르짖음이 끝나는 날은 정말 올까? 모르겠다. 짜증 난다.

그래도 다시 또 기도했다. 이 길밖에 없으니…. 나는 예배당에 앉아 텅 빈 공간을 한참 동안 바라봤다. 보이는 건 붉은 조명을 받는 십자가뿐이고, 들리는 건 절망들뿐이었다. 이 울음들과 부르짖음은 대체 언제쯤 끝날까? 하나님의 응답이 이 절망들을 끝낼까, 아니면 죽음이 이 부르짖음들을 끝낼까? 모르겠다. 나는 계속 십자가만을 뚫어져라 쳐다봤다. 어둠 속이라 그런가, 하나님의 이름이 거칠게 불린다. 어지럽다. 내 부르짖음도 저렇게 들릴까? 예수가 매달린 저 십자가에 희망이 있고 능력이 있다고 믿으면서도, 그곳에 웃는 자들이 하나도 없다.

눈앞의 저 십자가가 너무 깨끗했다. 십자가 아래는 이리 처절한데, 저 십자가는 왜 저리 매끈하고 깔끔한 건지, 이질감이 들었다. 번듯하고 세련되며 웅장해 보이는 저 십자가, 나는 이상하게 저 십자가의 이질적 맑음이 불편했고 거슬렸다. '나는 왜 저 맑음이 불편할까? 반대로 저 십자가가 더럽거나 깨져 있으면 나는 편안함을 느꼈을까?' 생각해 봤는데 그건 더 아니었다. 원인은 내 시기와 질투에 있었다. 죽음의 상징인 저 십자가를 생명의 상징으로 바꾸신 하나님이 내게는 아무것도 하지 않으시는 것 같으니, 저 십자가의 맑음을 시기한 것이고. 내 앞에 우뚝 서 있는 저 십자가의 영광스러움은 하나님의 일하셨음과 일하실 것임을 보여 주는 그 자체인데 나는 아직도 그대로니, 십자가의 깨끗한 역전승을 질투한 것이다. 나는 십자가의 영광스러움이 내게 나타나지 않았다고 저 십자가를 아니꼽게 쳐다봤던 것이었다.

어느새 울부짖던 사람들이 하나둘 일어나 예배당을 떠났다. 고요하다. 나는 숨을 깊게 들이마시고는 다시 하나님께 부르짖었다. 얼마나 더 있었을까? 이제는 십자가를 비추는 붉은 조명까지 꺼졌다. 병이 나은 사람들의 얘기를 들어 보면, 누구는 기도할 때 뭔가 알 수 없는 묘한 기분이 들었다고 하고 누구는 기도하고 돌아가는 길에 이상한 느낌이 들었다고 했다. 나는 아무것도 느껴지지 않았다. 나는 컴컴한 어둠 속에서 성경을 들고 나왔다.

예수님의 울부짖음은 약속이었다

어둠 속 꼿꼿이 서 있는 십자가가 눈에 들어 왔다. 그때, 사형 틀에 묶여 울부짖다가 죽어 버린 예수님이 떠올랐다. 십자가를 떠날 수도, 피할 수도, 내려올 수도 없었던 그 예수님의 비명이 들렸다. 살인에 능숙한 자들이 예수의 몸에 죽음을 창조하기 시작했지만, 하나님은 그곳에서 침묵하셨다. 예수님의 찢어지는 그 비명 소리가 십자가 위에서 터져 나왔는데도, 하나님은 그 비명 소리를 외면하셨다. 예수님은 울부짖으셨음에도 절망에 던져지셨고, 부르짖으셨음에도 죽으셨다.

당황스러웠다. 조금 전까지만 해도, 나는 저 십자가를 보면서 온갖 불평을 쏟아 내고 정신 나간 질투를 부렸다. 그런데 그런 내게 십자가 앞에서 부르짖는 부르짖음과는 비교할 수 없는 십자가 위 예수의 부르짖음이 느껴졌다. 나는 혼잣말로, "예수의 비명과 그 고통을 제가 알 리가 있나요? 어떻게 그 아픔과 괴로움을 제가 알 수 있겠어요! 다만 저 십자가에서의 죽음이 우리를 구원하시기 위한 하나님의 사랑이라는 걸 알 뿐이죠"라고 말했다.

그래도 자꾸만, 자꾸만 저 끔찍한 비명 소리가 떠나질 않았다.

예수의 울부짖음이, 예수의 절망이, 예수의 그 비명이 들리는 듯했다.

바로 그때, 모든 사람을 저주할 수 있고 심판할 수 있는 예수가 저주와 심판 대신 울부짖음을 택했다는 것이 새삼 새롭게 느껴졌다. 십자가에 매달린 채 터져 나오는 예수의 비명 소리는 약속의 소리요, 그 비명은 약속이라는 것이 깨달아졌다. 그리고 뭔가 머릿속이 정리되면서 차곡차곡 쌓아지기 시작했는데, 가장 먼저 든 생각은 이거였다.

'예수의 울부짖음은 내 부르짖음을 끝내겠다는 울부짖음이다.'

그런데 이 역설적인 생각이, 이 모순적인 문장이, 얼마나 나를 상쾌하게 만들던지! 죄송한데 너무 달았다. 내 부르짖음을 끝내기 위해, 신이 자신의 영원에 울부짖음을 새겼다는 이것이, 나는 너무 죄송하고 너무 이해되지 않았지만, 한편으로는 너무 달았다. 그리고 나는 계속해서, 예수의 저 비명 소리가 우리의 신음 소리를 끝내시겠다는 그분의 약속이라 느껴졌다. 거기다 "나의 하나님, 나의 하나님, 어찌하여 나를 버리셨나이까"라는 호흡의 끝소리는 끝까지 우리를 사랑한다는 소리로 들렸고, 마지막 숨

소리는 사랑을 완성하셨다는 소리로 다가왔다.

나는 한 번도 들어 보지 못한 것을 깨달은 게 아니었다. 그러나 그 순간만큼은 이 깨달음이 얼마나 기쁘고 감사하던지…. 나는 컴컴한 곳에서 우두커니 선 채 한참을 좋아했다.

그래도 부르짖는다

나는 여전히 십자가 앞에서 부르짖는다. 하지만 내 부르짖음은 부르짖음으로 끝나지 않을 것이다. 내 부르짖음은 예수의 부르짖음이 삼켜 먹을 것이고, 내 울부짖음은 예수의 울부짖음 앞에서 침묵하게 될 것이다. 앞으로 간질 때문에 부르짖는 일은 내게 없을 것이다. 그날이 곧 올 것이다. 하나님께서 그날을 내게 주실 것이다. 이건 누가 나에게 말해 줘서 먹은 마음도 아니고, 하나님께서 직접 내게 그런 말씀을 하셔서 먹은 마음도 아니다. 또 십자가를 보다가 생긴 마음도 아니고, 부르짖다 보니 어느새 들어온 마음도 아니다. 하지만 십자가 없이 내가 그 마음을 어찌 먹을 수 있으며, 십자가를 외면하신 하나님 없이 어찌 그 마음이 내 안에서 단단해질 수 있을까. 다 하나님께서 하신 것이다.

당당하게 믿음을 선포하고 긍정적인 마음을 먹었다. 그러나 어떨 때는 내가 진짜 하나님을 믿는 게 맞나 싶기도 하다. 부르짖을 때마다 믿음이 커지기는커녕 의심이 증폭되는 나를 보면 더욱 그렇다. 그래도 어쨌든 믿는다. 나를 고치실 것을 믿는다. 병원도 완벽하게 고칠 수 없다 했고, 약도 한계가 있다고 했고, 뭘 해 보려고 해도 다 안 된다고 했는데, 하나님은 다 된다고 하셨으니…. 다른 곳들은 죄다 잘 모르겠다고 하고, 다 확신할 수 없다고 하고, 확답을 줄 수 없다고만 하는데, 하나님은 다 할 수 있다고 하셨고, 자신만을 믿으라고 자신 있게 말씀하셨으니 말이다.

그 하나님이, 예수의 부르짖음을 거부하신 그 하나님이, 내게는 당신께 부르짖으라고 말씀하신다. 그 하나님이, 십자가를 눈 감은 그 하나님이 우리에게는 눈 감지 않겠다고 말씀하신다. 그 하나님이 내가 생각한 때든, 생각하지 못한 때든, 나를 고치실 것이다. 고치실 거다. 반드시 나도 고치고 당신도 고치실 것이다. 그러니 부르짖자! 같이 부르짖자.

05 하나님 없이 하나님 안에서 살다

이것저것 다 해 봤지만, 아무 소용이 없었다

오래전 일이다. 하지만 엄마에게는 어제처럼 선명한 일일 테다. 아빠가 내게 말씀하셨다.

"너, 엄마가 너 고치려고 얼마나 미친년처럼 산 줄 아냐? 진짜 미쳤었고, 보통 정신 나간 게 아니었어."

'우리'라고 말씀하실 법도 한데, 엄마가 유독 얼마나 심하셨으면 저리 말씀하실까. 엄마는 나를 고치려고 미친년처럼 사셨다. 엄마는 그때 아빠가 도망치든 뭘 하든 상관없었다고 하셨다. 품속 젖먹이를 못 고치면, 같이 죽어 버리겠다고 마음먹은 여자에게 남편 따위가 대수겠는가.

나는 1980년 4월에 태어났다. 엄마는 우는 것밖에 못 하는 핏덩이를 품에 안은 채 5월을 꿈꾸셨다. 하지만 우리의 5월은 겨울이었다. 병실은 집이 되었고, 젖 대신 약이 밥이 되었으며, 몸에는 예쁜 옷 대신 온갖 주삿바늘들이 꽂혔으니 말이다. 집에 사뒀던 신발과 옷 그 밖의 여러 가지 웃음들은 죄다 쓰레기가 되어 버렸다. 파란 하늘과 알록달록 예쁜 꽃들은 모두 건조했고, 사방에서 피어나는 소리들과 태어나는 모든 것들은 공허했다.

병원에 있을수록 나는 멍들어 갔다. 엄마는 미쳐 갔고 아빠는 지쳐 갔다. 그도 그럴 것이 한두 번 병원에 가는 것도 사람을 진 빠지게 하는데, 이건 뭐 병원에서 살다시피 했는데도 차도가 없으니 그렇게 될 수밖에 없지 않겠는가. 할 수 있는 게 아무것도 없었다. 병원은 약에다 또 약을, 다른 약에다 또 다른 약을 더해 쓰고, 약발이 안 먹히거나 떨어지면 다른 약을 또 찾고 찾을 뿐이었다. 엄마는 다른 병원들을 알아보셨고, 다른 의사들을 찾아보셨다. 찾아도 또 찾고, 찾으면서 또 다른 곳을 찾아가고, 계속 찾고 또 찾았다.

그러다 굿을 해 보기도 했는데, 신통하게도 굿이 잘 먹히는 것 같으니 퇴원한 후 굿을 계속 더 했다. 엄마는 이거다 싶어 신빨

이 가장 센 무당을 찾아 굿을 했고, 부적을 사방 천지에 붙인 후에 무당이 시키는 모든 것들을 다 하셨다. 그게 거지 같든 이해할 수 없든 상관없이…. 하지만 굿도 그때그때 달랐다. 내 상태가 어느 날은 좋아졌지만, 어느 날은 더 안 좋아졌다. 엄마는 나에게 듣도 보도 못한 민간요법을 하기 시작하셨고, 절에 가서 빌기도 하셨다.

이것저것 다 해 보았지만, 아무런 소용이 없었다. 이렇게 살다 죽는 것이 운명인 것처럼, 아무 변화도, 아무 일도 일어나지 않았다. 스님은 이름 때문에 아픈 것이니 이름을 바꾸라 했다. 그래서 바꿨다. 그러나 여전히 똑같았다. 그러다 돈이 다 떨어졌다. 무당을 만나는 것도 돈이고, 굿하는 것도 돈이고, 부적도 돈이고, 병원에 가고 의사를 만나는 것도 돈이고, 약도 돈이고, 주사도 돈이고, 민간요법도 돈이고, 절에 가서 기도하는 것도 다 돈이었다. 아빠는 죽으면 안 되었다. 그리고 엄마는 나를 죽일 수 없었다. 그저 다시 길을 걸을 뿐이었다. 돈 벌러 가는 길, 돈 빌리러 가는 길, 병원으로 가는 길, 무당에게 가는 길, 굿하러 가는 길, 절에 가는 길, 그리고 다시 이 길들을 반복 또 반복, 기대 없이 기대하고, 기대하지만 불행한 그 길들을 하염없이 걷고 다시 또 걸었다. 꽃잎이 피는지도 지는지도 모른 채, 그 길들을 계속 가고 또 갈 뿐이었다. 길 위에서 또 길을 찾으며 계속 그렇게….

하나님 없이 하나님 안에서 살다

이 이야기에 하나님은 없다. 온통 병원, 의사, 약, 무당, 굿, 부적, 절과 온갖 민간 신앙, 민간 요법에 그리고 돈 얘기뿐. 하지만 이 이야기는 우리가 하나님 안에 살았다는 증거가 된다.

엄마는 무엇이든 했지만, 그 무엇도 이루어지지 않았다. 그 어떤 것도 다 소용없었고, 아무리 다녀도 길의 끝은 어둠뿐이었다. 그러나 이것은 하늘이 내린 벌도 아니었고, 벗어날 수 없는 운명도 아니었다. 그것은 하나님 외에는 다른 것들이 신이 되지 못하도록 부모님이 하는 모든 것에 한계를 정해 놓고서 막으신 하나님의 일하심이었다.

병원이 모든 것을 해결했으면, 병원만을 절대적으로 신뢰했을 것이다. 그러나 하나님은 그렇게 되는 것을 막으셨다. 무당이 굿으로 모든 것을 완벽하게 고쳤으면, 무당이 섬기는 그 알 수 없는 영을 영원히 섬겼을 것이다. 그러나 하나님은 그것도 막으셨다. 다른 것도 마찬가지다. 절에서 기도하고 내가 나았으면, 절을 품고 모셨을 것이다. 그러나 하나님은 막으셨다. 민간 요법이 해결했으면, 자연을 숭배했을 것이다. 하지만 그것도 막으셨다. 돈이 모든 것을 가능케 했다면, 돈만을 바라고 매달렸을 것이다. 그러나 하나님이 다 막으셨다. 하나님은 병원에도 계셨고, 무당을 만나는 곳에도 계셨고, 굿하는 곳에도 계셨고, 절에서 기도하고 온갖 것들에게 빌 때도 함께하셨다. 부적을 부치고 무당이 시키는 것들을 다하는 그곳에서도 함께하셨고, 듣도 보도 못한 민간 요법을 하며 하늘에 빌 때도 함께 하셨다. 하나님은 병원이든, 의사든, 무당이든, 굿이든, 부적이든, 절이든, 하늘이든, 민간 요법이든 상관없이 죄다 막으셨다. 하나님은 우리가 절망에 있는 것을 아셨음에도, 다른 것들이 신이 되는 그 영원한 절망을 막으시기 위해서 마지막까지 모든 것을 막으셨다. 하나도 빠짐없이, 모조리 다!

하나님께 물었다. 간질을 고치시고 자신을 보이셨으면 모두 다 하나님을 믿었을 텐데, 왜 그렇게 하지 않으시고 다 막기만 하셨는지를, 그렇게 하셨으면 이렇게 빙 돌지 않고 처음부터 잘 따랐을 텐데 왜 이렇게 하셨는지를…. 답은 없었다. 그리고 언제쯤인지는 모르겠는데, 어느 날 갑자기 엄마가 "만약 너 어릴 때 병이 나았으면, 나도 그렇고 너도 그렇고 우리는 하나님 믿지 않았을 거야”라고 말씀하셨다. 나는 안다. 우리를 제일 잘 아시는 분은 하나님뿐이라는 것을…. 그날 엄마의 저 말은 하나님의 대답이었다.

우리는 그렇게 하나님 없이, 하나님 안에서 살았다. 그리고 이제는 아무 기적도 일어나지 않았던 그날들을, ‘겨울’이 아닌 ‘하나님의 꿈’이었다고 말한다.

죽지 말고, 구원받아라

지금 당신은 어떠한가? 혹시 간질 때문에 너무 괴롭고 고통스러운가? 사랑하는 사람이 간질을 앓고 있어 괴로운가? 목숨보다 더 귀한 자녀가 간질을 앓고 있음이 꼭 본인 때문인 것 같아 나 자신이 원망스러운가? 간질을 고치기 위해 닥치는 대로 다 하는데도, 아무 일도 일어나지 않고 더 나빠지기만 하는가? 그래서 죽고 싶은가? 죽지 마라. 두렵고 불안하고 고통스러울지라도 죽지 마라. 설령 죽어 가더라도 죽음을 선택하지 마라. 하나님께서 반드시 당신을 구원하실 것이다. 나는 여전히 간질 때문에 괴롭다. 하지만 나는 죄와 죽음에서 구원받았다. 당신도 그래야 한다. 비록 간질이 지옥 같을지라도, 영원한 지옥에서 구원받아야 한다. 하나님께서 당신을 위해 오늘도 일하고 계신다. 당신이 하나님 없이 살고 있어도, 아니 하나님을 거부하고 외면할지라도, 하나님은 당신을 구원하기 위해 일하신다.

예수 그리스도께서 내미시는 그 손을 잡아라, 그 피 묻은 손을 꽉 잡아라. 죽음을 보지 말고 예수를 보라. 죽음을 선택하지 말고 예수를 선택하라. 하나님은 하나님 없이 살았던 우리를 결국 구원하셨다. 그 하나님은 지금도 자기 백성을 구원하신다.

06 이상한 꿈

눈 떴을 때 천국이면 얼마나 좋을까

초등학교 때 다녀왔던 소풍 이야기다. 소풍은 나를 들 뜨게 했고 흥분시켰다. 지금 돌이켜 보면 뭘 그렇게까지 들뜨고 흥분했을까 싶은데, 그때는 진짜 무언가 주체할 수 없는 떨림이 있었다. 이를테면 학교 운동장에 쭉 늘어서 있는 저 버스들만 봐도, 선생님의 까만 선글라스만 봐도, 미친 것 같은 내 친구들만 봐도, 내 가방 속 김밥만 봐도, 떨렸고 설렜다. 소풍은 매년 갔고, 매년 똑같은 시기에, 매번 같은 친구들과 노는 뻔한 날이었지만, 그날만큼은 매년 달랐고 매번 그렇게 즐거울 수가 없었다.

우리는 운동장에서부터 깔깔거리며 놀았다. 버스에서 장난치며 놀고, 도착해서는 김밥 먹고서 놀고, 보물찾기하며 놀고, 계속 낄낄대며 놀았다. 다시 돌아가는 버스에서도 소풍은 끝나지 않았다. 친구들은 교실에 가방을 두고 운동장에서 또 놀자고 했다. 그 얘기에 굳이 대답은 필요 없었다. 그냥 무조건이었으니까….

어느새 버스는 학교에 도착했고, 나는 버스 계단에 발을 내디뎠다. 그러고는… 아무 기억도 나지… 않았다.

눈이 떠졌는데, 교무실 모퉁이에 누워 있었다. 그때 그 느낌이 아직도 내게는 선명하다, 희끄무레한 천장과 불그스름한 불빛, 얼음장 같은 바닥, 고요하다 못해 차갑게 느껴지던 공간의 빈 소리. 선생님이 다가오셨다. 그리고 무슨 말씀을 하신 것 같기는 한데, 무슨 말이 오갔는지 지금은 전혀 기억나지 않는다. 그냥 빨리 집에 가고 싶다는 생각뿐. 나는 그거 외에는 아무 생각도 나지 않았고, 아무 말도 하기 싫었다.

집에 도착했는데, 집 문이 잠겼다. 집에는 아무도 없었고, 집 열쇠를 숨겨 두는 곳에도 열쇠는 없었다. 근데 내 기억이라는 게 참 이상하지. 집에 못 들어간 건 기억나는데, 집에 어떻게 갔는지가 잘 생각나지 않는다. 교무실에서 눈이 떠졌을 때 느껴지던 그 거지 같은 감각들은 지금도 내게 생생한데, 교무실을 나와 복도를 지나고 운동장을 걸어서 어떻게 집에 도착했는지는 전혀 기억나지 않는다. 이놈의 기억들은 지 마음대로 기억한다. 기억하기 싫은 것들은 기억나게 하고, 기억하고 싶은 것들은 기억나지 않게 하고 말이다.

아무튼, 나는 문 앞에 주저앉아 버렸다. 평소 같으면 문 앞에 가방을 두고 바로 바깥으로 갔을 텐데, 그때는 갈 곳도 없고 갈 수도 없었다. 그렇게 얼마나 있었을까, 나는 옆집 벨을 눌렀다. 왜 옆집 벨을 눌렀는지, 어떻게 누를 마음을 먹었는지, 기억나는 건 없지만 계속 눌렀다. 그러고는 또 아무 기억이 나지 않는다. 눈이 떠졌는데 낯설었다. 또 얼마나 지난 것일까? 엄마 목소리가 들렸는데, 우리 집은 아니었다.

천국을 꿈꾸다

나는 이 망할 놈의 간질이 너무 싫다. 특히 여기서 쓰러지면 저기서 깨어나고, 저기서 쓰러지면 여기서 깨어나는 이 지랄 같은 상황들이 너무 싫다. 차라리 눈을 떴을 때 천국이면 얼마나 좋을까. 천국 같은, 천국처럼, 뭐 이런 게 아닌 진짜 천국에서 말이다.

일요일, 예배를 드렸다. 천국 가고 싶은 사람은 손을 들어 보라고 하셨다. 뻔한 질문인데 반응은 각각이었다. 기억에 남는 대답이 있다. "가고 싶은데 지금은 아니에요." "하고 싶은 게 있어서요." "가고 싶은 곳이 있어서요." "보고 싶은 게 있어서요." "약속한 것이 있어서요." 이렇게들 말하지만, 나는 지금 가고 싶었다. 나는 하고 싶은 것도 없고, 가고 싶은 곳도 없고, 보고 싶은 것도 없고, 약속한 것도 없었으니 말이다. 여기서 지금 가고 싶은 사람은 나 혼자가 아닐까, 행복했던 시절을 떠올리며 행복을 꿈꾸는 애들 틈에서, 나는 천국을 꿈꿨다. 천국에서 아프지 않게 살고 싶었다.

천국. 사람을 사랑하시는 하나님이 계시는 곳이자, 고통과 고난이 없고, 이별과 죽음이 다시는 없는 곳. 나는 저 말들이 왠지 너무 좋았다. 아픈 게 싫어서, 또 아플 게 겁나서, 더 아프게 될까 무섭고 불안해서 그랬는지, 천국이 믿어질 뿐 아니라 기대가 됐다. 빨리 죽어서 가고 싶었다. 어떻게 죽는 것이 좋을까 생각해 봤는데, 발작할 때 사고로 죽는 게 제일이라 생각했다. 더구나 발작할 때 죽으면, 기억도 못 하고 공포도 못 느끼고 고통도 안 느껴질 테니 참 다행이라 생각했다.

전조 증상이 시작되면, 위험한 곳으로 가면 된다. 높은 곳에 올라가든 계단 위에 서든 그러면 된다. 어려울 것이 하나 없다. 그러면 나는 소풍과는 비교할 수 없는 그곳에서 행복할 것이다. 나는 천국의 벌판에서 뛰고 또 뛸 것이며, 독수리와 함께 하늘을 날고, 거대한 고래와 같이 바닷속을 가를 것이다. 피곤하면 그 자리에서 자고, 그 자리에서 눈뜰 것이다. 여기서 쓰러지면 저기서 깨어나는 것이 아니라, 여기서 저기로 다니고 저기서 여기로 다시 올 것이다. 아무 기억도 나지 않았던 나는 없을 것이고, 내가 있는 모든 자리는 후회가 없을 것이다. 그리고 그곳에서 엄마 아빠 그리고 동생을 기다릴 것이다.

아무에게도 말할 수 없었고 누구에게도 들켜서는 안 되었던 내 꿈은 그때 그렇게 시작됐다.

지금도 꾸는 있는 꿈

어느 날 전조 증상이 시작됐다. 생각한 대로 행동하면 천국에서 편안하게 살 수 있다고 생각했다. "올라가자. 어디든 올라가자. 계단 위에 서 있든 계속 오르든 어서 오르자." 하지만 그 마음과는 달리, 나는 하나님께 살려 달라고 기도했다. 그것도 아무 망설임 없이, 고민 없이 바로! 시간이 얼마나 흘렀을까. 눈이 떠졌는데, 익숙하지 않은 곳이다. 높은 곳도 아니고 계단 앞도 아니었다. 나는 사방이 막힌 모퉁이 그 어디쯤에 누워 있었다.

다시 증상이 시작돼도 똑같았다. 위험한 곳으로 뛰어들기는커녕 하나님을 찾으며 컴컴한 곳으로 뛰어 들어갈 뿐이었다. 스무 살이 돼서도 여전히 똑같았다. 나는 왜 그렇게 원하면서도 행동하지 못했을까? 그랬다면 모든 괴로움은 순식간에 끝나고 나는 약속된 곳에서 편하게 살고 있었을 텐데…. 사는 것에 미련이 있거나 내일에 집착하는 것도 아닌데, 나는 왜 하지 못했을까? 나는 죽어 없어져 버리고 싶었던 것이 아니라, 죽어야 안 아프게 살 수 있으니 죽음이 필요했던 것이다. 그런데 왜 나는 그 길을 선택하지 못했을까?

나도 모르게 죽는 것이 무서웠을까? 천국을 바란다고 하지만, 실상은 천국을 믿지 못하고 있던 것은 아니었을까? 아니면 인간의 본능인가? 내 오래된 습관인가? 신의 개입인가? 여러 생각이 들었지만, 답은 찾지 못했다. 하나의 사실만을 느낄 뿐이다. 그건 죽어 없어지는 게 고통을 없애는 길이라고 생각했는데, 막상 나는 죽고 싶지 않았다는 것이다. 죽으면 모든 괴로움과 절망에서 해방될 거라 확신했는데, 나는 이상하게 죽는 것이 싫었다. 왜 죽는 것이 싫은지를 설명할 수는 없었는데, 그 이유를 굳이 찾을 필요도 없었다. 그냥 죽는 것이 싫었다. 모든 생명이 결국 다 죽을 수밖에 없지만, 그 죽음을 내가 선택하고 싶지는 않았다. 나는 죽는 존재면서 동시에 나를 죽일 수 있는 존재이지만, 그렇게 하고 싶지 않았다. 나는 그저 또 증상이 시작되면 변함없이 하나님을 찾았고, 깨어나면 어김없이 천국이 가고 싶을 뿐이었다.

내 소풍날은 언제쯤일까? 언제인지는 몰라도 바라기는, 언젠가 시작될 그 소풍날 하나님께서 김밥을 싸 주시면 좋겠다. 내 진짜 소풍날은 그때부터다.

단짝이었던 친구가 내게 꿈이 있냐고 물었다. 천국 가는 게 꿈이라고 했더니 이상한 꿈이라고 하더라. 그런데 나는 그 이상한 꿈을 지금도 꾸고 있다.

07 천국에 들어가려면

지랄 같은 현실

하나님께서 약속하신 천국을 두고서, 누구는 이렇게 말하고 또 누구는 저렇게 얘기한다. 하지만 분명한 건, 이곳은 천국이 아니라는 사실이다. 한쪽에서 누군가가 죽어 가는데, 다른 한쪽에서는 파티를 벌인다. 자기 생명을 위해 다른 사람의 생명을 짓밟고, 본인의 안전을 위해 남의 안전을 빼앗는다. 욕망과 쾌락을 채우기 위해 이웃의 일상과 꿈을 산산조각 내버린다. 돈에 환장한 자들은 돈 때문에 죽고, 돈 때문에 사람을 죽이며, 발정 난 미친 것들은 자신의 욕구를 충족하기 위해 사람 죽이는 것을 서슴지 않는다. 세상이 원망스럽다며 생면부지 사람들을 칼로 찔러 죽이고, 총으로 사람들을 쏴 죽이고는 그냥 죽이고 싶었다고 말한다. 사랑을 명목으로 사람을 지배하고 정복하며, 사랑을 구실로 사람을 자살시킨다. 정말 미친 세상이다. 정의와 공의가 있다지만, 누가 이 세상을 정의롭다 혹은 공의롭다 말할 수 있겠는가? 정작 현실은 눈먼 자의 손에 불의를 쥐게 하고, 귀먹은 자의 발을 불법에 던져 버리지 않는가. 자유와 진리를 위해 싸우고 투쟁한다고들 하지만 그거 다 자기 금밥통 지키려는 개수작이고, 곳곳에 있는 부조리와 부패는 밤하늘에 떠 있는 별처럼 세상 중심에서 뻔뻔하게 빛을 내고 있다. 어디 그뿐인가?

사람들은 생명의 의미와 그 절대적 가치를 알면서도 명분을 만들어 전쟁을 일으킨다. 개인의 욕심이 집단 전체를 파멸시키고, 조직된 욕망은 세대를 멸망시킨다. 게다가 정의와 불법은 친구가 되고, 악은 악을 보호해 주며, 자유와 진리와 정의는 최고로 잘 팔리는 상품이 되어 버렸다. 권력자들의 평화 메시지는 사람들을 통제하는 통치 언어가 된 지 오래고, 공정해야 할 법은 이미 기울어져 모순과 위선으로 가득하다. 재판은 공정하며 상식적이다, 이렇게 말할 사람이 얼마나 있겠는가? 그저 힘 있는 자들 눈치나 보고 힘없는 자들은 때려잡는 게 지금의 모습 아닌가? 법을 집행한다는 것들은 법 위에 앉아 권세를 부리고 법을 자신의 무기로 삼고 있으니, 이들 때문에 재판이 개판 되고 있다. 그런데 재판만 개판이겠는가, 현실은 다 썩어 빠졌다.

이와 반대로, 타인의 생명을 위해 자기 생명을 희생하고 이웃의 안전을 위해 자기 안전을 포기하는 경우도 많다. 자기 목숨이 위험하다는 것을 앎에도 타인의 생명을 구하기 위해 자기 생명을 내던지고, 자기 인생이 여기서 지워진다는 것을 알면서도 그 누군가의 이야기가 이어질 수 있도록 자기 이야기를 끝내 버리기도 한다. 이렇게 숨이 멎고 숨통이 끊어지는 희생들이 있어도 현실은 엉망이다. 희생하는 사람만 희생자가 될 뿐이다. 숭고한 희생은 빠르게 잊히고, 거룩한 죽음들은 누군가의 한으로만 남아 버리고, 고귀한 헌신들은 일그러져 왜곡돼 버린다. 현실은 추악하고 역겹다.

이곳은 천국이었던 적도 없고, 천국이 될 수도 없다. 설령, 천국 같은 곳이 있다 할지라도, 천국으로 변해 가고 있다 하더라도, 이곳은 결코 천국이 아니었다. 누구는 울고, 누구는 웃고, 누구는 죽이고, 누구는 죽었다. 9,999명이 행복해도 1명이 괴롭다면, 그곳은 천국이 아니다. 99,999명이 즐거워도 단 1명이 슬프다면 그곳은 지옥이다. 천국은 개인의 능력과 실패, 자격과는 상관없이 모두가 배부르고 모두가 따뜻하고 모두가 평안해야 한다. 그곳은 최고의 행복과 최상의 기쁨을 절대적으로 누리는 곳이다. 절대적 개인주의와 절대적 이타주의, 절대적 사랑과 절대적 만족이 모순과 충돌 없이 공존하는 곳이다. 이곳은 어떠한가? 이곳은 웃는 사람보다 우는 사람이 더 많고, 즐거운 사람들보다 괴로운 사람들이 더 많다. 이곳은 슬픈 곳이다. 슬픈 곳임을 알고도 살아갈 수밖에 없는 슬픈 곳이다.

심판을 통과해야 들어갈 수 있다

이런 세상에서, 나는 오늘도 생각하고 또 생각한다. 우리네 현실은 대체 왜 이 모양일까? 하나님께서 지으신 세상, 하나님께서 빚으신 사람, 하나님의 임재와 사랑, 구원이 있는 이곳이 어찌 이렇게 되었을까? 나는 아무리 생각하고 생각해 봐도 답을 알 수가 없었다. 누구는 세상을 이렇게 말하고 누구는 저렇게 말하지만, 그것도 나에게는 답이 되지 않았다. 나에게 현실은 마침표인 것이 아무것도 없었다. 하지만 그럼에도 굳이 하나 깨달은 게 있다면, 그것은 죽음이다. 모든 사람은 시간과 공간 안에서 전부 죽어 가고 있다. 사는 것에 집착하는 사람도 죽고, 죽고 사는 것에 미련이 없는 사람도 죽고, 죽을 날만을 기다리는 사람도 죽고, 죽기를 바라지 않는 사람도 죽고, 이래도 죽고 저래도 죽고 별짓을 다 하고 꼴값을 떨어도 결국에는 다 죽는

다. 모든 생명에는 죽음이 붙어 있다. 나에게도 당신에게도 현실은 지랄 같고, 생명의 끝은 죽음이다. 이곳에 천국은 없다.

그러면 하나님께서 약속하신 그 천국은 대체 어디에 있고 어떻게 갈 수 있고 언제 누릴 수 있는가? 그곳에 죽으면 갈 수 있는가? 천국은 죽어야지만 갈 수 있는 곳인가? 아니다. 죽음은 천국을 보장하지 않는다. 죽는 행위 그 자체로는 천국에 들어갈 수 없다. 죽는 건 죽는 거다. 히브리서 9장 27절은 이렇게 말한다. "한 번 죽는 것은 사람에게 정해진 것이요…." 사람은 모두 죽는다. 다시 한번 말하지만, 죽는 그 자체로는 천국에 가지 못하며, 죽는 행위는 천국과 아무 상관이 없다. 그러면 하나님께서 약속하신 천국은 대체 어떻게 갈 수 있는가? 정말 갈 수 있는 건 맞나? 그곳은 들어갈 수 있는 곳이 맞긴 하나? 답은 역시 히브리서 9장 27절에 있다. "한 번 죽는 것은 사람에게 정해진 것이요 그 후에는 심판이 있으리니." 심판을 통과해야 천국에 갈 수 있다. 우리 모두는 이 심판을 통과해야 한다. 그래야 하나님께서 약속하신 천국에 들어갈 수 있다.

그렇다면 우리는 하나님의 심판을 어떻게 통과할 수 있을까? 선하게 살면 가능할까? 남을 나보다 낮게 여기고, 우는 자들과 함께 울고, 괴로운 자들의 어려움을 외면치 않고, 선을 위해 희생하며, 정의를 위해 헌신하면 가능할까? 삶의 목표를 '더하기'가 아닌 '빼기'에 두고, 삶의 궤적은 '곱하기'가 아닌 '나누기'라면 이 심판에서 통과되지 않을까? 이성적으로 생각하면, 이런 삶을 사는 자들은 당연히 통과될 뿐 아니라 심판을 받을 이유도 없다고 생각할 수 있다. 그러나 만약 이런 것들로도 심판을 통과할 수 없고 넘어설 수 없다면, 그 심판은 우리에게 무엇을 말하려고 하는 것인가? 그 심판은 우리에게 희망적일까? 그것은 천국으로 들어가는 문일까? 아니면 지옥으로 들어가는 근거가 될까?

답은 간단하다. 우리는 뭘 해도 통과할 수 없다. 심판의 의미를 알아차려도 통과할 수 없고, 그 의미를 알아차리지 못해도 통과할 수 없다. 무엇을 가지고 있어도, 무엇을 행했어도, 무엇을 세웠을지라도 우리는 그 심판으로 다 죽는다. 왜? 하나님은 우리에게 100%의 선, 100%의 의, 100%의 죗값을 요구하시기 때문이다. 하나님께서 사람을 심판하시는 기준은 99%가 아니다. 99.999%도 아니다. 하나님 심판의 기준은 100%다. 이 말은 한마디로 사람은 누가 됐든 하나님의 심판을 통과할 수 없다는 뜻이다. 즉 가능성은 0.001도 아닌 0이다. 그렇다면 하나님의 심판은 인간의 한계와 절망, 그 허무주의를 그대로 보여 주는 인간 설명

서란 말인가? 하나님께서 약속하신 천국은 인간에게 내려진 절망이란 말인가?

아니다. 절대 그렇지 않다. 여기서 천국의 비밀이 일어난다. 우리는 하나님의 심판을 통과할 수 없지만, 우리는 하나님의 심판에서 통과될 수 있다. 그 비밀이 여기 '예수'에 있다.

심판당하신 예수

죄 없는 예수에게 인간의 죄가 들이부어졌고, 동시에 죄에 대한 처벌이 무참하게 시작됐다. 몸은 갈기갈기 찢겨 나갔고, 죽음은 예수의 생명을 빠르게 갉아먹기 시작했다. 십자가 처형은 인간의 죄에 대한 신의 심판이다. 그것은 연극도 연출도 아닌 신의 처형이다. 하나님은 이삭을 죽이려는 아브라함을 멈추게 하시려고 그를 두 번이나 부르셨다. 하지만 하나님을 부르는 예수의 부르짖음은 처량하기 짝이 없다. 예수를 보라. 하나님께 "이 잔을 내게서 옮기시옵소서"라고 기도해도, 무리들에게 침 뱉음당하고 조롱을 받아도, 채찍질에 살점이 뚝뚝 떨어져 나가도, 장막 말뚝이 손발을 뚫고 창이 몸을 뚫어 버려도, 신의 심판은 멈추지 않았다. 그것은 계속되고 계속되고 또 계속됐다. 심판은 오직 예수에게만 향했고 예수에게만 쏟아졌다. 하나님의 심판은 하늘을 열지도 않았고 땅을 갈라지게 하지도 않았다. 오직 예수의 몸만이 뚫렸고, 예수의 몸만이 찢어졌다. 예수의 피가 사방에서 터져 흐른다. 예수의 피, 예수의 그 피가….

예수의 피는 십자가를 붉게 물들였고 땅은 예수의 피를 다 받아냈다. 예수가 죽었다. 죄 없는 예수가 죄로 인해 심판을 받아 죽었다. 신의 심판은 이렇게 예수의 피로 멈추었고, 예수의 피로 끝났다. 천국의 비밀인 예수가 죽었다. 하지만 천국의 비밀은 예수의 죽음으로 끝나지 않는다. 오히려 그 비밀은 죽음에서 시작된다.

보라. 심판당하신 그 예수가 부활하여 우리에게 손을 내밀며 같이 집에 가자고 하신다. 죄 없는 자가 죄 있는 자의 손을 잡는 것, 이것이 천국의 시작이다. 천국은 여기 있다, 저기 있다, 이것이다, 저것이다, 말할 필요가 없다. 심판당하신 분이 심판당해야 할 우리에게 찾아오셔서 자신의 손을 내밀어 우리의 손을 잡아주실 때, 비로소 천국이 시작되고 그곳이 천국이 된다. 예수가 지금도 손을 내밀고 있다. 그 손을 바라보기만 해도 천국이 시작된다. 현실은 개떡 같고 생명의 끝은 죽음이지만, 예수님께서 지금 여기서 우리를 부르시며 손짓하신다. 그 손을 잡자. 그러면 그곳이 어디든 어디로 향하던 천국이다.

천국의 비밀은 이것이다.

"네가 받아야 할 심판 내가 다 받았으니, 이제 괜찮아. 같이 집에 가자."

08 욕망 중력

어느 여 목사의 기도원

내 손을 꽉 잡은 엄마의 눈빛이 반짝였다.

"기도원 갈 거야."

나를 태운 차는 한 번도 가 본 적 없는 기도원으로 곧장 출발했다. 그곳은 못 고치는 병 없이 모든 문제를 해결하는 곳이라고 했다. 도착하니 소복을 입은 여자 목사가 예배를 시작했고, 주변에는 굵은 쇠사슬에 칭칭 감긴 사람들과 발목에 큰 쇠고랑을 찬 사람들이 힘없이 앉아 있었다. 마치 실험당한 쥐처럼 아니, 실험당할 쥐처럼….

결박된 자들, 무대 앞의 찬양하는 이들, 예배드리는 회중과 기괴

한 목사, 그리고 우리…. 아무리 봐도 무언가에 미친 곳 같은데, 부모님은 이 미친 곳에 초집중했다. 특히 다툼 하나 없고 소란 피우는 사람 전혀 없는 이 기도원의 평화로움이 얼마나 소름 돋던지, 이것은 평안이 아닌 고도로 훈련된 고요함 같았다.

여자 목사는 방언을 가르쳐 주겠다면서, '할렐루야'를 빠르게 100번 말해 보라고 했다. 이상했다. 내 눈에 그 목사는 할렐루야 장풍을 쏘는 도사 같았고, 그곳에 있던 사람들은 방언 기술을 수련하는 기술공들 같았다. 저들은 집중하고 있었지만 자제력을 잃어버렸고, 힘을 다했지만 하나님의 힘은 그 어디에도 보이지 않았다. 황홀경에 빠졌지만 기뻐 보이지 않았고, 열광적이었지만 행복해 보이지 않았다. 그냥 정신이 나갔다.

내 눈에 저 목사는 이 왕국의 여왕이었고, 그곳 사람들은 뇌가 파먹힌 괴물들 같았다. 예배가 끝났지만 아무도 그곳에서 일어나지 않았다. 무대 쪽에서는 안내자들이 큰 방석을 깔고 있었고, 여자 목사가 이름을 부르면 쇠사슬에 묶인 사람들이 앞으로 나와 누웠다. 갑자기 내 이름이 불렸다. 나는 누웠고 내 팔과 다리 그리고 머리를 남자 여럿이 와서 꽉 붙잡았다. 그리고 천으로 내 눈을 가렸다. 아무것도 보이지 않으니, 무엇이 일어나는지 알 길이 없었다. 들리는 거라고는 딱 하나, '으악, 으악!' 하는 소리뿐. 그때, 여자 목사가 내 배에 앉더니 간질을 고쳐 주겠다면서 내 눈알을 파낼 것처럼 눌러 댔다. "으악!" 여 목사는 하나님의 이름을 부르짖으면서 내 눈알을 후벼 팠고, 내게 무엇이 보이냐면서 짓눌러 댔고, 무엇인가를 외치면서 미친 듯이 찔러 댔다. 너무 아팠다, 너무너무 아팠다. 더구나 내 의지와 상관없이 비명이 터져 나올 때면, 숨이 콱 막혀 죽을 것 같았다. 소리가 터져 나올수록 사람들이 나를 더 꽉 잡으니, 나중에는 살려 달라는 말이 절로 나왔다. 이 미친 자에게서 나를 구할 수 있는 사람은 엄마뿐인데, 내게는 아무 일도 일어나지 않았다.

이곳은 미친 곳이자 엄마의 열망에 내 의지가 짓밟혔던 곳이다. 엄마의 열망은 욕망에 가까웠다. 나는 다시는 거기에 가지 않겠다고 말했다. 엄마는 내 말에 아무런 대답도 하지 않으셨다.

하나님을 향하지 않는 사랑은 죄다

그런 이곳에 나는 또 갔고 또 가야 했다. 갈 때마다 내 눈알을 쑤시고 또 쑤셔 대는 그곳에…. 목사는 귀신을 잡아야 한다며 내 눈을 또 한참 쑤셔 댔다. 엄마는 이곳을 만난 것이 행운이라 했지만, 목사의 손은 내게 암흑이었다. 나는 현실에 살면서 가장 현실성 없는 삶을 살았다. 누가 우리 집과 우리 신앙을 검토해 주면 좋겠는데, 그럴 만한 사람이 없었다. 예컨대, 독서실에서는 멀리 있는 사람이 조금만 시끄럽게 해도 다 들린다. 그러면 총무가 가서 주의를 주거나 혹은 그 주변 사람들이 헛기침으로 조용히 하라고 신호를 준다. 친밀함으로 연결된 곳은 아니지만 모두는 가깝게 연결되어 있다. 신앙 공동체는 독서실이 가지고 있는 그 이상의 연결성을 가지고 있다. 그것은 친밀함을 넘어서는 영적인 연결이다. 그 연결은 하나님과 연결인 동시에 신앙인들과의 연결인데 차원이 다른 긴밀함이다. 그런데 우리는 어찌 그 누구에게도 주의나 신호를 받지 못했을까? 우리가 내는 소음은 모두를 고통스럽게 하는 소리였다. 그러나 아무도 우리를 막지 않았다. 나는 그 여 목사가 있는 왕국에 또 가야만 했다.

"퍽."

내 눈에서 피가 흘러내렸다. 눈알을 찌르고 쑤시면서 지랄을 하더니 결국 내 눈알을 터트려 버렸다. 집에 가는 길, 엄마는 계속 같은 말씀만 반복하셨다. 고치려고 그랬다며, 고쳐 주고 싶어서 그랬다며, 고쳐야 하니까 그랬다며, 엄마가 아프게 낳았으니까 그랬다며….

기도원 건물에는 십자가가 세워져 있고 예배당에서는 예배가 드려졌다. 하지만 그 십자가는 하나님을 묶어 버린 단두대요, 그 예배는 그리스도인들을 묶는 악령의 소리라는 것을 우리는 너무 늦게 알아 버렸다. 우리는 왜 처음부터 몰랐을까? 그건 부모님의 열망이 살아 계신 하나님을 향하지 않았기 때문이다. 엄마의 하나님은 강렬한 소원이 투사된 엄마만의 하나님이었다. 살아 계신 하나님께서 엄마를 이끄신 것이 아니라, 엄마의 소원이 투사된 엄마만의 하나님이 엄마에게 끌려간 것이다. 나를 고치려는 부모의 사랑은 광기였고, 그곳은 욕망의 자궁에서 태어난 신들의 지옥이었다.

하나님을 향하지 않는 사랑은 죄다. 하나님을 향하지 않는 신의 이름은 폭력이고, 하나님을 향하지 않는 치유는 저주다. 우리는 그때 하나님을 향해야 했고, 하나님께 붙어 있어야 했다. 그러나 우리는 그러지 못했다. 그래서 내가 그 꼴을 당한 것이다.

욕망으로 세워진 뻘건 십자가들과 욕심에서 태어난 목사들이 예수의 피로 세워진 십자가 틈에서 지금도 먹이를 찾고 있다. 그들은 하나님이 여기 계신다고 말하고 능력이 이곳에만 있다며 유혹한다. 속지 말아라. 설령 기적이 일어났다 하더라도, 하나님은 특정 장소, 특정 인물, 특정 행위로 역사하지 않으신다. 하나님은 어디에나 계시고 어디서나 역사하신다. 하나님은 우리의 상식을 초월하시지만, 변태 싸이코 살인마 쾌락주의자처럼 행동하지 않으신다. 하나님은 거룩하시고 선하신 분이시다.

오직 성경

이런 가짜들을 가려낼 방법과 하나님을 향하는 길은 딱 하나, 성경뿐이다. 내 마음의 소원도 성경을 통해야 하고, 저 십자가들도 성경을 통해야 하며, 저 목사들의 혓바닥도 성경을 통해야 한다. 그렇지 않고서는 내 마음이 어디를 향한 것인지, 저 십자가가 정말 하나님께서 기뻐하시는 십자가인지, 저 목사의 말들이 하나님의 도구인지를 알 길이 없다. 내 마음의 소원은 성경으로 평가받아야 하고, 교회도 성경으로 판단되어야 하며, 목사의 혀도 성경으로 견제받아야 한다. 말씀이 없는 마음의 소원은 마귀의 밥이 되고, 말씀이 없는 교회는 사탄의 유월절이 되며, 말씀으로 견제받지 않는 목사의 혀는 뱀의 노래가 될 테니 말이다.

우리는 모두 세속 안에서 살고 인간으로 존재하는 한, 다양한 형태의 욕구와 욕심, 욕망에 이끌릴 수밖에 없다. 그리고 이 욕망 중력은 끊임없이 우리를 끌어당긴다. 이 강력한 욕망 중력을 어찌할까. 누가 거부할 수 있으며, 누가 그 앞에서 자유로울 수 있을까? 사도행전 1장에서 부활하신 예수님은 제자들이 보는 앞에서 하늘로 올라가셨다. 중력을 거스르시는 예수님의 행위, 이것은 신으로서의 자유와 능력을 보여 줌과 동시에, 모든 부정적인 중력의 힘들을 부정할 수 있는 부정의 힘이 자신에게만 있음을 알려 주시는 신(God)의 등장 신(scene)이다. 예수님의 승천은 퇴장이 아닌 새로운 세상으로의 개방이다. 중력을 거스르시는 예수님만이 욕망 중력의 강력함을 무력화시킬 수 있겠다. 이 예수님께만 소망이 있고, 이 예수님만이 욕망 중력의 제국을 파국으로 끝장내실 수 있다. 그러니 말씀이 가리키는 예수님을 잡고 예수님께서 가리키는 말씀을 먹자.

간질뿐 아니라 온갖 질병을 고친다는 곳이 우리 주변에는 생각보다 많다. 그래서 가 보고 들어 보면 그들은 성경 말씀을 자기 행동 정당화의 근거 구절로 사용한다. 즉, 해석을 자기 마음대로 한다는 것. 이것저것 따질 것 없다. 아무리 그럴싸하고 합리적이고 논리적으로 옳아 보여도, 돈 뜯어 가고, 육체 바라고, 병신 짓 시키고, 지랄 맞아 보이면 다 가짜다.

오직, 성경 말씀을 가까이 하자! 우리가 살길은 하나님께 붙어 있는 것뿐이다!

09 개새끼들

강한 놈들의 먹잇감

중학교는 동물의 왕국이다. 약한 놈은 잡아먹히고, 강한 놈은 잡아먹는다. 야비한 놈들은 살아남고, 예쁜 것들은 강한 놈에게 딱 붙어 꼴값을 떤다. 적어도 내가 경험한 중학교는 그랬다. 나는 약한 놈이었다. 약한 놈은 처음부터 정해져 있지 않다. 서서히 모두에 의해 정해질 뿐이다. 내가 먹잇감이 되기 시작한 것은 발작을 하고부터다.

건조하고 차가운 교실에서 얼마나 많은 악들이 창조되었는지 모른다. '괴롭힘.' 그건 장난이라는 탈을 쓴 악마들의 창조 행위였다. 몇몇이 이유 없이 나를 때리면서 놀려 댔다. 자리를 비우면 의자에 우유와 압정이 쏟아져 있었고, 우유가 없으면 물과 압정이 부어져 있었다. 닦으려고 손으로 의자를 쓸어 내면, 나 몰래

의자 밑 박아 둔 못들에 베이곤 했다. 나중에는 큰 못을 박아 놔서 앉기가 어려워 의자 끝에 엉덩이를 걸치듯이 앉기도 했다. 지금 생각해 보면, 나는 왜 병신처럼 가만히 있었을까 싶다. 하지만 그때는 무얼 어떻게 해야 할지 전혀 몰랐다.

신발에는 압정과 칼날들이 들어 있었고, 밑창에 못이 박혀 있기도 했다. 쉬는 시간에 교실에 앉아 있으면 지랄 좀 해 보라며 때렸고, 나갔다 들어오면 의자와 바닥에 어김없이 한가득이었다. 화장실에서는 소변을 누는 나를 뒤로 끌어당기기도 했다. 대변을 누러 들어가면, 문을 차고 물을 뿌리고 문을 올라타고는 나를 보면서 지랄을 하니 그것 또한 괴로웠다.

매일, 매일… 매일 이랬다. 그러다 보니 오늘이 내일이고, 내일이 곧 오늘이라는 생각을 지울 수가 없었다. 괴롭히는 소수의 부지런함과 방관하는 다수의 꾸준함이 그렇게 나의 내일을 잔인하게 지워 갔다. 나는 저것들을 싹 다 죽이고 싶었다. 그것밖에는 다른 길이 없어 보였고, 그것 말고는 생각할 수 있는 게 없었다.

나는 묻고 싶은 게 참 많았다. 하지만 누구에게도 물어볼 수 없었고, 아무도 말해 주지 않았다. 이미 상황은 벌어졌고, 고통은 그냥 받아야 했다. 그렇게 고통은 상처가 됐고, 상처는 표적이 되어 버렸다.

선생님들이 수업 시간에 꿈을 그렇게 물어보던데, 대부분은 꿈이 없다고 말했다. 나도 마찬가지였다. 대신 나는 꿈보다는 바람이랄 게 하나 있었다. 애들이 나를 좋아해 주면 좋겠다는 마음이었는데, 내 바람은 발작으로 이미 오래전에 끝나 버렸다.

매주 일요일은 괴롭힘에서 벗어나는 날이었다. 하지만 다른 형태의 외로움이 시작되는 날이기도 했다. 하나님의 사랑, 하나님의 기적, 하나님의 보호하심, 이런 것들이 왜 그렇게 나를 외롭게 하던지…. 하나님은 하나님을 믿는 자들을 지켜 주신다고 하시는데, 그러면 대체 나는 뭔가 싶었다. 나도 하나님을 믿는다. 믿음이라는 게 무엇인가, 하나님을 믿는 게 믿음 아닌가. 믿기 위해서 믿는 것도 아니고, 믿어야 하기 때문에 믿으려고 하는 것이 아닌, 믿어지니깐 믿고 있는 게 믿음이다. 하나님을 믿는 것은 어려울 것이 하나 없다. "내가 여기 있다"만큼이나 분명한 것이 "하나님의 여기 계심"이니…. 나는 이 하나님이 믿어지니 믿었고, 그렇게 믿으니 맞아도 믿었고, 당해도 믿었다. 그런데 나는 사랑도, 기적도, 지켜 주심도 전혀 느끼지 못했다. '하나님의 사랑, 기적, 지켜 주시고 보호하심은 다 진짜인 것 같은데, 왜 나에게는 그러하지 않으실까?' 하나님께 묻고 또 물었다.

똘아이 미친 새끼

괴롭힘은 계속되었다. 이제는 집에 가는 길까지 따라오면서 나를 갈궜다. 하루는 너무 좆같아서 뒤를 돌아보고는 그 새끼 얼굴에 주먹을 날렸다. 싸워 본 적이 없으니 때린 적도 없고, 때린 적이 없으니 때릴 줄도 모르던 나였는데, 그때는 뭐에 홀린 듯이 얼굴만을 계속 미친 듯이 두들겨 팼다. 마치 사냥개가 사냥감을 문 채로 얼굴을 터는 것처럼…. 처음이었다, 주먹으로 누군가의 얼굴을 그렇게 때린 건…. 심장은 미친 듯이 뛰었고, 몸이 떨리는 건지 주먹이 떨리는 건지 온몸이 부들부들 떨렸다. 그 순간 그 새끼 뒤에는 더 많은 미친 새끼들이 있는데, 내 뒤에는 아무도 없으니 그게 너무 두려웠다.

다음날이 되었다. 무슨 일이 어떻게 일어날지 모르는 알 수 없음이 날 사로잡기 시작했는데 그것은 긍정 혹은 부정의 대한 기대가 아닌 예측되는 공포냐 예측되지 않는 잔혹이냐의 문제였다.

그러나 알 수 없는 일이 내게 일어났다. 괴롭히는 게 다 사라졌다. 그들은 나를 그냥 지나쳤고, 따라오지도 않았고, 건드리지도 않았다. 내 주위에는 그 어떤 그림자도 없었다. 전날 주먹질 때문에 잔뜩 졸아 있었는데, 이게 무슨 일인지 얼떨떨했다. 나는 이런 상황이 갑작스러워 어이가 없었다. 무슨 영문인지 전혀 알 수 없는 이 기이한 흐름이 도리어 너무 무서웠다. 혹시나 괴롭힘이 더 정교해지고 교활해지는 건 아닐는지, 아니면 나를 죽이려고 하는 건 아닐는지, 별의별 생각에 미쳐 버릴 것만 같았다.

그래도 가시가 없는 하루하루가 너무 행복했다. 문득문득 이 하루들이 신기루처럼 사라질까 봐 겁이 나기도 했지만, 이런 약한 마음은 아무 일도 없는 상황이 길어질수록 자연스레 사라져 갔다. '그토록 절실하게 바랐던 날이 이렇게 갑자기 올 줄이야.' 영웅이 나타난 것도 아니고, 누가 타협을 시도해서 좋은 결과를 가져온 것도 아니고, 내가 너 죽고 나 죽고 식 자해극을 펼친 것도 아니고, 누군가가 저것들을 파멸시킨 것도 아닌데, 어찌 이런 날이 온 건지…. 내가 꿈꾸던 왕국이 내게 걸어와 나를 안아 준 느낌이었다. 내 상황을 너무 거창하게 말하는 것 같아 좀 그렇지만, 그때 내 기분은 솔직히 마치 영토를 확장하고 정복한 장군 같았다. 교실, 화장실, 운동장, 곳곳의 내 영토가 확장된 것처럼 말이다. 그리고 나는 아주 오랫동안 어디를 가든 어디에 있든 내 발소리만 들렸다. 내 발소리만….

상황이 극적으로 바뀐 원인에 대해서는 나중에야 알 수 있었는데, 내용이 참 황당했다. 그것은 내가 '미친 새끼'라는 소문이 퍼졌기 때문이었다. 뭔 짓을 어떻게 할지 모르는 똘아이 미친 새끼라는 그것 때문에….

나는 꽤 오랜 시간 그 말을 참으로 믿었다. 하지만 지나고 돌아보니 다 틀렸다. 누가 미친 새끼라는 그 말 하나 때문에 악마가 악마 짓을 그만두고 괴물이 괴물 놀이를 멈추겠는가? 나를 보지도 않고 나를 겪어 보지도 않은 이들이 그 '미친 새끼'라는 말 하나 때문에 나를 건드리지 않는다는 것은 말이 안 되는 것이었다. 한번은 운동장에서 놀다가 기억이 끊어졌던 날이 있었는데, 그때 내 주변에 있던 이들은 나를 때리고 차고 넘어뜨리며 침까지 뱉으면서 놀렸다. 이들은 주변에 있는 다른 애들까지 불러서 나를 괴롭히고, 심지어 내가 죽었다며 흙으로 나를 덮어 버리기까지 했다.(이건 내 곁에 있던 동생이 다 보고서 해 준 말이다.) 나는 그렇게, 쓰러지면 애들한테 병신 취급받던 놈이었다. 대체 어떻게 된 일일까? 무엇이 그들의 괴롭힘을 멈추게 했을까?

하나님이 하신 일, 하나님이 하실 일

뻔한 대답, 그래 맞다. '하나님'이시다. 인내심은 찾아볼 수도 없고 비정하기 짝이 없던 그것들을 막은 것은 바로 '하나님'이셨다. 나는 늘 하나님을 믿고 기대했지만, 기대하는 나만 항상 바보가 되다 보니 하나님은 결코 보이지 않았다. 그런데 결국 하나님이 일하신 것이었다. 하나님이 그들을 눈멀게 하신 것이고, 하나님이 그들의 손과 발을 게으르게 하신 것이고, 하나님이 그들을 겁먹게 하신 것이고, 하나님이 다가오지 못하게 하신 것이다. '미친 새끼'라는 이 작은 단어에 두려움을 넣으신 분이 하나님이시고, 그것을 퍼트리신 분도 하나님이시고, 그것을 듣게 하신 분도 하나님이셨다.

내가 원했던 것은 저것들이 죽거나 혹은 병신이 되는 거였다. 그런데 하나님은 그런 것 하나 없이 내 옆 악마들을 찐따로 만드셨고 괴물들을 겁쟁이가 되게 하셨다. 그때를 떠올려 보면, 나는 여전히 작고 약한 놈이었다. 하지만 괴물들 안에서 편안했고, 악마 같은 새끼들 옆에서 나는 꿈꾸기 시작했다. 나를 외롭게 했던 하나님은 나를 그곳에서 탈출시키시는 대신 나를 그곳에 높이 세우셨다. 나를 안갯속에서 구하신 분은 하나님이시다. 그 하나님은 안갯속에 숨어 계신 저격수다.

이제 나에게는 1차원적인 괴롭힘은 없다. 하지만 다른 형태의 괴로움이 내 곁을 늘 어슬렁거리고 있다. 당신은 어떠한가? 여전히 괴롭힘을 당하고 있는가? 이제 겨우 벗어났는데, 다시 또 괴롭힘이 시작됐는가? 하나님께서 어떻게 일하실는지는 모르겠지만, 그분은 반드시 일하실 것이다. 상황을 바꾸시든, 당신을 바꾸시든, 상대방을 바꾸시든….

기억해야 할 것이 하나 있다. 괴롭힘은 끝나지 않을 것처럼 계속될 수도 있고, 아픔과 슬픔은 다시 시작될 수도 있다. 그래도, 하나님을 신뢰하길 바란다. 어제 기적을 경험하고도 오늘 의심하는 게 나다. 나도 믿음이 작은 사람이다. 이 괴로움을 어떻게 견디고 버티고 이겨 내야 할지 막막할 때가 많다. 그러니 같이 하나님을 바라보자. 우리가 할 것은 오늘 맞아도 믿는 것이고 내일 당해도 믿는 것이다. 하나님은 우리가 바라는 것들을 하나님 방식대로 이루어 가고 계신다. 그 하나님을 믿자! 죽지 말고 기다리자! 하나님은 결국 우리를 안아 주시고, 세워 주시고, 웃게 하실 것이다. 나의 그날이 그랬듯이….

10 나의 시선은 어디에

두려움과 떨림

앞에서도 말했다시피, 나는 쓰러지면 의식을 잃고 발작하고는 잠들어 버린다. 늘 그랬다. 이런 나에게 어느 날 이상한 일이 일어났다. 집에서 쓰러져 발작하는데, 호흡에 의한 가슴의 들썩거림이 갑자기 멈춰 버렸다고 했다. 평소와는 전혀 다른 모습에, 엄마는 내가 숨은 쉬는데 호흡의 박자랄까 그 몸의 리듬이라는 것이 완전히 사라져 너무 불안했고, 몸은 따뜻한데 모습이 차가워 무서웠다고 했다.

간질에 관한 정보와 지식, 그간의 경험과 대비책들이 다 쓸모없어지는 그 순간, 엄마가 할 수 있는 거라고는 내가 숨을 잘 쉬고 있는지 가까이 달라붙어서 확인하는 것뿐이다. 오직 그것뿐이다. 아무것도 요구할 수 없는 나, 그리고 무엇이든 할 준비가 되어 있는 엄마. 우리는 그곳에 함께 있었지만, 전혀 함께할 수 없었다.

순간, 내 입이 움직였다. "나사렛 예수의 이름으로 명하노니, 더러운 귀신아! 물러가라!" 괴담에서나 일어날 법한 일이 눈앞에서 펼쳐지니, 엄마는 너무 무섭고 두려웠다고 했다. 특히 입은 움직이고 말소리는 분명하게 들리는데, 얼굴과 목, 몸, 그 어떤 것도 움직이지 않으니 더 무서웠다고 했다. 내 입이 다시 움직였다. "나사렛 예수의 이름으로 명하노니, 사탄아! 떠나가라!" 단 한 번도 느껴 본 적 없는 그 권위 앞에 엄마는 아무것도 할 수 없었다고 했다. 내 입이 또 움직였다. "나사렛 예수의 이름으로 명하노니, 더러운 귀신아! 이 아이에게서 나가라!" 엄하게 꾸짖는 그 음성 앞에서 느낄 수 있는 것은 오직 두려움과 떨림뿐이었다.

내가 말하지만 내가 말하는 것이 아닌, 이 이상한 일은 그렇게 거기서 끝났다. 그리고 나는 세상 편한 모습으로 숨을 깊게 쉬면서 잠에 들었다고 한다. 엄마가 보고 들은 그것은 망상도 환각도 아니었다. 내 잠꼬대도 아니고, 신접도 아니고, 다중인격 장애 같은 현상도 아니었다. 그건 하나님의 기습이었다. 직접적이고 주도적인 하나님의 자기 드러내심. 어떻게 이런 신비가 일어날 수 있단 말인가! 생각해 본 적도 없고, 생각할 수도 없는 그런 일이 어떻게 우리에게….

아무리 생각해 봐도 모르겠다. 우리에게는 그저 결론만 있다. 하나님의 방식대로 우리에게 쳐들어오셨다는 그 결론만이…. 희망은 자폭이요, 기대는 고문인 그곳에서 하나님이 나에게 일하셨다. 즉 나를 통제하던 부정들이 하나님에 의해 통제되기 시작했다는 것이다. 이것은 매우 놀라운 하늘의 공격이요, 기쁨의 침략이다. 내게 일어난 일은 두렵고 무서운 현상이었지만, 이건 확실히 하나님의 의지인 것을 엄마는 확인했고 확신했다.

추락(墜落)도 하나님의 작품

절망에서 탈출할 수 없을 줄 알았는데, 내 앞에 창조주가 계셨다. 하나님의 보호하심과 함께하심이 나에게도 나타났고 이루어졌다. 하나님께서 함께하신다는 것은 현실이요, 하나님의 보호하심은 실질적으로 일어난다. 하나님의 함께하심과 보호하심, 참 신비롭다! 나는 보호하심을 경험한 자들의 고백을 들을 때면 늘 부러웠다. 그러나 이제는 그렇지 않다. 이제 나도 병에서 낫고 자유로울 것이다. 나는 믿는다. 내 인생을 쓰레기로 만들어 버렸던 간질이 하나님에 의해 파멸되었음을…. 그간 내 믿음과 기도가 자칭 거룩한 자들이 세운 시험대에서 얼마나 난도질을 당했는지 모른다. 저주받았다는 둥, 믿음이 틀려먹었다는 둥, 그런 기도에서는 썩은 냄새만 날 뿐이라는 둥…. 하지만 이제 그런 심판은 끝났다. 하나님은 나에게 침투하셨고, 자신의 의지를 무지개처럼 선언하셨다. 이 하나님의 의지를 믿는다. 하나님은 내가 그분을 인식하기 이전부터 이미 나를 고치시고 보호하실 자신의 의지를 확인하셨다.

설명할 수 없는 하나님의 일하심은 나의 내일을 힘차게 했다. 내 미래는 파산 계획표에 따라 흘러갈 줄 알았는데, 하나님의 생명 계획표가 나를 살렸다. 나를 휴지라 부르며 "평생 남의 똥 닦고 토 닦는 인생 살다가 뒤져라"라는 식의 놀림도 이제 끝이라 생각했다. 하나님이 역사하셨고 시작하셨으니, 이제 모든 것이 제자리를 찾을 것이라 여겼다. 그동안 출렁다리 위에서 늘 불안했는데, 이제는 그 출렁거림이 하나도 무섭지 않았다. 내게 추락은 공포였는데, 이제는 추락(墜落)도 하나님의 작품이 될 것이라 믿었다.

하지만… 얼마 못 가 나는 또 처참하게 쓰러졌다.

이제는 진짜 나은 줄 알았는데, 간질은 여전히 그대로였다. 추락은 더 많은 풍경을 볼 수 있는 반전 매력이 될 것이라 여겼는데, 착각이었다. 나는 다시 길바닥으로 추락했다. '그렇다면, 나를 향한 하나님의 그 신비는 무엇이란 말인가?' 나는 하나님께 묻고 또 생각했다. 하지만 생각하고 물을수록 그건 더 큰 수수께끼가 될 뿐이었다.

내게 일어났던 그 일을 엄마가 보지 못하고, 또 내가 몰랐다면, 이런 착각에 빠지는 일은 없었을 텐데…. 그랬다면 이렇게까지 초라하지는 않았을 텐데…. 그리고 병신 같다는 이 느낌도 없었을 텐데….

믿고 또 믿어라

그러던 내게 하나님께서 요구하셨다. 믿으라고, 예수 그리스도를 믿고 또 믿으라고…. 현상과 상관없이 나를 믿고 상황과 과정을 보지 말고 자신만을 보라고…. 하나님의 보호하심과 함께하심은 완전하고 완벽하고 온전하니 의심되더라도 믿고, 아파도 믿으라고…. 내가 너와 영원히 함께할 것이며 너를 지금도 보호하고 있으니, 나를 믿으라고 하셨다. 함께하지 않는 것처럼 보여도, 보호하지 않는 것처럼 느껴져도, 무능해 보이고 힘없어 보여도, 하나님께서 하신 약속은 하나님에 의해 이루어질 수밖에 없으니 그 약속을 믿으라고 하셨다.

계속 말씀하셨다. 믿어라. 고난 중에서도 믿어라. 믿음의 결과가 절망이라도 믿어라. 거룩하신 자가 사랑으로 구원하실 것이요, 선하신 자가 권능으로 품으실 것이니, 믿고 또 믿어라. 죽은 자를 살리실뿐 아니라, 재가 되면 다시 창조해 버리시는 분을 믿고 또 믿어라.

무엇보다 기적이 믿음을 만드는 것이 아니라, 믿음이 기적을 만드는 것이니, 기적이나 신비를 보지 말고 기적을 만들어 내는 그 믿음을 지키라며, 십자가를 보라 하셨다.

십자가…. 맞다. 십자가에서 죽어 가는 자가[4] 십자가에서 죽어

---

4   해골이라 하는 곳에 이르러 거기서 예수를 십자가에 못 박고 두 행악자도 그렇게 하니 하나는 우편에, 하나는 좌편에 있더라(눅 23:33)

가는 자[5]를 믿었다. [6] 아무 기적이 없는 그곳에서, 절망에 있는 자가 절망에 속한 자를 믿었다. 강도는 자신이 하나님이라던 자가 처량하고 비참하게 매달려 무능하고 무력한 모습으로 죽어 가고 있었음에도, 예수에게 자신을 맡겼다. 그래 믿음은 이것이다. 신의 모습이 아무리 절망이래도, 그 절망 가운데 믿고 또 믿는 것. 십자가에서 죽어 가는 자가 십자가에서 죽어 가는 자에게 구원을 바라며, 십자가에서 죽어 가는 자가 십자가에서 죽어 가는 자에게 낙원을 약속했다. 이것이 믿음이고 구원이 아니겠는가.

신비한 날을 보며 하나님을 찬양하고, 추락하는 날들을 겪으며 하나님께 물음표를 던졌는데, 하나님은 그런 내게 십자가를 보며 자신을 믿으라 하셨다. 신비한 일과 상관없이 믿으라 하셨고, 절망스러움과 관계없이 믿으라 하셨다. 고통당하시는 하나님을 믿으며, 죽어 가는 하나님을 믿으며, 구원할 수 없는 하나님을 믿으며, 침 뱉음당하시고 외면당하신 그 하나님을 믿으라 하셨다. 그 하나님은 어떤 모습으로 계시든, 어떤 상황에 처해 있든,

---

5 제구시쯤에 예수께서 크게 소리 질러 이르시되 엘리 엘리 라마 사박다니 하시니 이는 곧 나의 하나님, 나의 하나님, 어찌하여 나를 버리셨나이까 하는 뜻이라(마 27:46)

6 달린 행악자 중 하나가 비방하여 이르되 네가 그리스도가 아니냐 너와 우리를 구원하라 하되, 하나는 그 사람을 꾸짖어 이르되 네가 동일한 정죄를 받고서도 하나님을 두려워하지 아니하느냐, 우리는 우리가 행한 일에 상당한 보응을 받는 것이니 이에 당연하거니와 이 사람이 행한 것을 옳지 않은 것이 없느니라 하고, 이르되 예수여 당신의 나라에 임하실 때에 나를 기억하소서 하니(눅 23:39-42)

자신이 절대 신이시며 창조주시고 약속을 이루시는 유일신이시
니, 믿으라 하셨다.

진정한 믿음이란 신이 내게 기적을 행하시든, 행하지 않으시든,
또는 무능해 보이든, 권능을 행하시든 관계없이 하나님을 믿는
것이다. 지금을 보고 믿는 것이 아니라, 하나님의 약속을 믿는
것이다. 십자가 앞에서 생명을 믿고, 무력함 앞에서 전능을 믿
고, 갈등과 분노 앞에서 평화와 사랑을 믿고, 지옥 앞에서 천국
을 믿는 것이다. 이 믿음이야말로 진정 기적이다. 이 기적이 믿
음이다.

나는 믿는다. 나는 믿는다. 나는 믿는다. 이 믿음은 하나님의 선
물이요. 기적이다. 이 선물은 차별이 없다. 그러니 당신도 믿어
라. 당신 앞에 이 신비가 있다. 이곳에 우리의 시선을 두자. 그곳
을 향하자. 함께 믿자. 그리고 그 약속을 함께 보자.

11 본능과 본심

그놈의 개수작, 교회 못 가게 하기

여섯 살 꼬맹이인 내가 엄마한테 물었다.

"엄마, 엄마의 엄마는 누구야?"

"할머니지."

"그럼, 할머니의 엄마는 누구야?"

"또 할머니지."

"그럼, 또 할머니의 엄마는 누구야?"

"그걸 왜 물어보는데?"

"엄마, 그렇게 계속 쭉 올라가면 맨 위에 아담과 하와가 있
대. 그런데 아담과 하와가 하나님께 죄를 지어서 하나님한테
벌을 받았대. 그런데 하나님을 따라가면 용서해 주시고, 예
뻐해 주시고, 천국으로 데려가 주신대. 그러니 엄마 아빠도

빨리 예수님 믿어. 같이 천국 가자!"

여섯 살 꼬맹이가 얼마나 진지하게 얘기하던지, 부모님은 자기 새끼지만 그때만큼은 쫑알거리는 게 하나도 사랑스럽지 않고 불편했다고 하셨다. 아빠는 자식새끼 정신까지 병신 만들지 말라며 엄마를 다그치셨고, 엄마는 집안에 종교가 둘이 되면 안 된다며 나를 나무라셨다고 했다. 그때부터, 이상한 일이 일어나기 시작했다. 우리는 서울 변두리에 살았는데, 외가가 있는 지방에만 가면 나는 아프지 않거나 발작하게 되더라도 별로 심하지 않았다. 골목대장까지 할 정도였으니 말이다. 그러나 다시 서울에 오면 아프기 시작했고, 전보다 더 아팠다.

지방은 희망의 절정, 서울은 고통의 정점, 이것이 반복 또 반복. 굿도 해 보고 이것저것 다 하는데도, 지방에만 가면 크게 이상 없고 서울에만 오면 참았던 것이 터져 나오듯 발작했다. 대체 왜 그랬을까?

답은 간단했다. 그건 나의 교회 출석과 관련이 있고, 하나님을 부모님에게 전함과 관련이 있다. 이것 때문에 마귀가 방해한 것이다. 지방에는 교회가 없을 뿐 아니라 모든 가족이 불교이자 유교

였으니, 그곳에 나를 묶어 두려고 한 것이다. 즉 교회에 가지 못하게 하려고, 그리스도인들이 나를 찾아오지 못하게 하려고, 복음을 듣지 못하게 하며 그것을 전하지 못하게 하려고 그런 것이다.

그건 하나님 얘기를 듣지 못하게 하려는 마귀의 개수작이었고, 말하지 못하게 하려는 지옥의 전략이었다. 그렇다면, 그놈이 간질을 전략적으로 사용한 것인가? 그렇다. 마귀는 그렇게 할 수 있다. 하지만 거기까지다. 못 듣게 하려고 방해하지만, 영원히 못 듣게 하지는 못한다.

여섯 살짜리가 복음을 들으면 그걸 또 얼마나 듣겠으며, 전하면 또 얼마나 전하겠나. 듣는 것도 엉성하고 전하는 것도 허술할 터. 하지만 복음은 그 자체만으로도 능력이 있으니, 그것조차도 막으려고 한 것이다.

그놈의 개수작, 절망 더하기

이런 일도 있었다. 나는 어릴 적 밤만 되면 날이 샐 때까지 울었다고 한다. 그것도 밤 11시 55분부터 울기 시작하는데, 업고 달래든 무시하든 상관없이 계속 울었다는 것이다. 소 아에게 나타나는 야경증이 아니었다. 시골에 가면 잘 잤다고 한 다. 이게 우연의 일치일까? 나는 그렇게 생각하지 않는다. 마귀 는 복음을 극도로 싫어하기에 나를 괴롭히고 쓰러트렸다. 복음 은 누가 전하든, 어떻게 전하든, 사람을 구원하는 하나님의 능력 이기에….

그놈이 여기서는 쓰러지게 하고 저기서는 날아다니게 하면서 가 족들의 시선을 빼앗았지만, 엄마는 결국 예수님을 믿었다. 그 때부터였다. 나는 서울에 있든 지방에 내려가든 상관없이 발작 했다. 그것 또한 개수작 질이었다. 그건 '교회에 가 봤자, 복음 을 들어 봤자, 하나님을 믿어 봤자' 식의 공격이다. 마귀는 교회 에 못 가게 막았지만, 그럼에도 교회에 가면 또 여러 상황을 만 들어 두 번 가지 못하게 만들었다. 두 번 가면, 세 번 가지 못하 게 만들려고 또 수작을 부렸다. 예수님을 믿을수록 나는 더 아팠 다. 딱 봐도 마귀 짓이 아닌가! 내가 쓰러지면 부모님은 비상이 었고, 나에게만 집중이 쏠리니 계속 그걸 건드린 것이다. 쓰러트 려서 교회에 못 가게 하고, 믿으면 쓰러지게 해서 실망하게 만들 고, 또 쓰러트려 설교든 뭐든 다 못 듣게 하고, 기도하면 또 넘어 지게 해서 절망하게 만드는 이 상황이 계속 반복됐다. 마귀는 우리가 하나님을 만나지 못하도록, 하나님께 가까이 가지 못하도록 간질을 제멋대로 활용했다.

그놈은 우리에게 한 것처럼, 앞으로도 계속 그럴 것이다. 모든 사람에게, 질병을 활용해서, 전쟁과 살인 폭력을 이용해서, 돈과 권력, 의식주, 교육, 언론, 종교, 과학을 가지고, 아니 그 이상을 만들어서 복음을 듣지 못하게 방해할 것이다. 하나님을 믿으면 더 고통스럽게 만들고, 하나님께 기도하면 더 절망스럽게 할 것이고, 하나님을 따르면서 복음을 전하면 죽고 싶게 만들 것이다. 이 마귀에 맞서 싸울 자 있을까? 마귀에 맞서 승리할 자 있을까? 저 마귀가 작정하고 달려들면 얼마나 두렵고 겁이 나겠는가. 무엇보다 고통에서 벗어나지 못한 채 죽기라도 한다면, 절망에서 모든 것이 끝나 버린다면, 죽고 싶은 마음을 이겨 내지 못해 결국 죽어 버린다면….

그분의 본심을 방해할 수 없다

기억하자. 시작도 끝도 없는 존재가 사랑을 시작하셨다. 하지만 사랑을 시작하신 분은 사랑을 잃어버렸고, 그는 망가

진 사랑을 돌려놓기 위해 자신을 망가트렸다. 죽을 수 없는 분이 자신에게 죽음을 선고하였고, 죽은 적 없는 분이 죽음에게 먹혀 죽으셨다. 신이 처음으로 사랑 때문에 파괴되었다. 거짓이 목을 뜯고, 어둠이 눈을 뽑고, 어리석음이 못을 박고, 불의가 몸을 찢어도, 그분은 사랑 때문에 아무것도 하지 않으셨다. 세상을 없애 버릴 수 있는 분이 십자가에서 없어져 가도, 거룩이 더럽혀지고 빛은 꺼지고 지혜가 부르짖고 정의가 소리쳐도, 사랑을 위해 아무것도 하지 않으셨다. 모든 것을 할 수 있는 분이 모든 것을 포기하셨고, 사랑하기 때문에 죄를 입으셨다. 천국이 필요 없는 분이 우리를 위해 천국의 문지기가 되셨고, 천국에 갈 수 없는 우리를 위해 그 문지기는 천국의 길이 되셨다.

그분이 우리 하나님이시다. 우리 아버지 되시는 신이시다. 이 앞에 설 자 누구인가?

마귀가 복음 듣는 것과 복음 전하는 것을 미치도록 방해하는 이유가 바로 이것이다. 복음은 하나님의 본심을 알게 하고 하나님 품에서 살게 한다. 마귀의 본능인 죽음은 하나님의 본심인 사랑을 결코 덮을 수 없다. 마귀는 끝까지 방해하지만, 아버지 되신 하나님은 끝끝내 구원하신다는 것을 기억하자. 고통에서 벗어나지 못한 채 죽는다고 해도, 절망에서 모든 것이 끝나버린다고 해도, 죽고 싶은 마음을 이겨 내지 못한 채 죽어 버린다고 해도, 우리의 끝에는 죽이는 자가 아닌 살리는 자가 있다는 것을 기억하자.

마귀가 방해하면 하나님은 해결하신다. 마귀가 가로막으면 하나님은 열어 버리시고 뚫어 버리신다. 마귀가 묶어 버리면 하나님은 풀어 버리고 제거하신다. 마귀가 세우면 하나님은 무너뜨리시고, 마귀가 무너뜨리면 하나님은 영원한 것으로 세우신다. 마귀가 우리를 잡으면 하나님은 우리 속으로 들어와 우리와 영원히 함께하신다.

그놈이 교회를 못 가게 방해해도, 복음을 못 듣게 훼방 놔도, 여섯 살 꼬맹이는 결국 복음을 들었고 그 이야기를 전했다. 오직 하나님으로부터! 오직 하나님에 의해! 그리고 여섯 살 꼬맹이가 들은 복음이 지금 당신에게도 전달됐다. 오직 하나님으로부터! 오직 하나님에 의해!

12 잊으면 안 돼

난 누군가, 또 여긴 어딘가

증상이 시작됐다. 내 눈동자 속으로 수많은 것들이 들어오고 내 귀로 수많은 소리가 들리지만, 나는 그것들이 무엇인지 알 수 없었다. 이미 정신은 흐려졌고, 시야는 좁아졌다. 여기서 쓰러지지 않으려면 무조건 기억해 내야 했다. 어떻게든 떠올리고 그것들을 붙잡고 있어야 했다.

"경기도 남양주시 평내동 삼창아파트 106동 506호, 집 번호 031-591-XXXX, 엄마 배상화, 아빠 김영태, 동생 김기동, 나는 김도운."

이것까지 잊으면 끝난다고 생각했다. 절대 잊어버리면 안 됐다. 끝까지 생각하고 또 생각해야 했다.

"경기도 남양주시 평내동 삼창아파트 106동 506호, 집 번호
031-591-XXXX, 엄마 배상화, 아빠 김영태, 동생 김기동,
나는 김도운."

이건 내 본능이었다. 살기 위한, 살고 싶은 내 본능.

"잊으면 안 돼! 절대 잊어버리면 안 돼! 경기도 남양주시 평
내동 삼창아파트 106동 506호, 집 번호 031-591-XXXX, 엄
마 배상화, 아빠 김영태, 동생 김기동, 나는 김도운."

길을 걷고 있는데, 왜 이 길을 걷고 있는지, 내가 어디로 가고 있
는지를 잊어버렸다.

"경기도 남양주시 평내동 삼창아파트 106동 506호, 집 번호
031-591-XXXX, 엄마 배상화, 아빠 김영태, 동생 김기동,
나는 김도운."

"경기도 남양주시 평내동 삼창아파트 106동 506호 … 엄마
배상화, 아빠 김영태, 동생 김기동, 나는 김도운."

“경기도 남양주시 평내동 … 엄마 배상화, 아빠 김영태, 동생 김기동, 나는 김도운.”

잊으면 안 되는데, 잊어 버리면 안 되는데, 점점 기억나지 않았다.

“경기도 남양주시 … 엄마 배상화, 아빠 김영태, 동생 김기동, 나는 김도운.”

사라져 갔다. 잊으면 안 되는 것들이…. 그래도 계속 말하고 또 말했다.

“경기도 … 엄마 배상화, 아빠 김영태, 동생 김기동, 나는 김도운.”
“엄마 배상화, 아빠 김영태, 동생 김기동, 나는 김도운….”
“엄마, 아빠, 동생, 나는 김도운….”
“나는 김도운….”
“김도운, 김도… 김…….”

그러다가 내가 누구인지도, 내가 무엇인지도 모를 상황에 이르고 말았다.

"……"

다 잊어도 하나는 잊으면 안 돼

잊으면 안 되는데 다 잊어버렸다. 어떨 때는 수백 번, 어떨 때는 수천 번을 반복하는데도 결국 다 잊어버렸다.

하지만 그렇게 잊고, 또 잊고, 다 잊어버려도 잊을 수 없는 것이 있다. 아니, 잊으면 안 되는 것이 하나 있다. 내가 모든 것을 잊어버리고, 하나님까지 잊어버려도, 하나님은 나를 잊어버리지 않으신다는 것이다. 하나님은 내가 하나님을 믿고 있음을, 내가 하나님께 기도했음을, 내가 하나님을 미워하면서도 하나님만을 기다렸음을, 하나님께 감사하고 감사하고 또 감사했음을 결코 잊어버리지 않으신다.

나를 잊어버리지 않으시는 그 하나님을 잊으면 안 된다. 절대 잊어선 안 된다.

당신도 잊으면 안 된다.

13 익숙한 날들, 익숙해지지 않는 아픔

수련회 전날 밤

엄마는 내게 "하나님께서 병을 고쳐 주시고 기도에 응답해 주실 거야"라고 말씀하셨다. 그 전 수련회 때도 그랬고, 그 전전 수련회 때도 그렇게 말씀하셨다. 매년 열리는 중등부 여름 신앙 수련회, 신앙 올림픽 같기도 하고 신앙 실험실 같기도 했다. 경쟁하고 협력하는 모습은 마치 올림픽 같고, 자신을 살피며 점검하는 그 진지함은 마치 실험실 같았다. 하지만 내게 수련회는 올림픽도 실험실도 아니었다. 그곳은 비관과 낙관이 공존하는 자유의 곳이었다. 하나님을 마음껏 의심해도 혼나지 않는 곳이었으며, 하나님을 의심하다가 다시 힘껏 의지해도 외면당하지 않는 곳이었다. 그곳은 내가 하나님을 미워해도, 하나님을 사랑해도, 하나님께 감사해도, 하나님께 불평해도 괜찮은 이상한 곳이었다.

수련회를 극찬하고 기대하던 사람들의 고백들이 문득 떠올랐다. 하나님을 만났는데 이건 뭐 어떻게 설명할 수도 없고 상상할 수도 없는 신비의 신비라며, 경험해 보지 않은 사람들은 이걸 알 수도, 느낄 수도, 이해할 수도 없다고 하면서 흥분을 감추지 못하던 사람이 있는가 하면, 마음으로만 품고 있었던 기도 제목이 있었는데 그게 이뤄졌다며 한껏 들떠 있던 사람, 병이 나았다며 하나님께서 고쳐 주셨다고 기뻐하던 사람, 방언이 터져 나왔다며 놀라워하고 생각지도 못한 능력을 받았다며 신기해하던 사람, 두 눈으로 천사를 보며 천국을 봤다던 사람이 있었다. 이것들 외에도 별의별 고백들이 넘쳐 났다.

나는 수련회 전날 밤, 그들의 이야기들이 내 이야기가 되고, 그들의 감격이 내 감격이 됐으면 좋겠다고 생각했다. 저들의 기쁨이 거짓말 같지 않아 더 부러웠다. '신앙을 표절할 수 있고 그 결과까지 똑같다면 얼마나 좋을까. 그렇다면 나도 이들처럼 기뻐하고 있을 텐데…'라고 생각했다. 혹시 내가 풀어야 할 신앙의 숙제가 있는 건지, 하늘의 암호 같은 게 있는 건 아닐지, 이것저것 생각이 많았다.

수련회 첫째 날

애들이 바글바글했다. 하나님은 사람마다 그 사람만을 위한 계획표를 세우시고 그를 향한 꿈이 있다고 하셨는데, 그런 의미에서 중등부가 모인 그곳은 '희망 전시장' 또는 '꿈 전시장' 같은 느낌이 들었다. 나를 향한 하나님의 계획표가 이번에는 치료의 시간을 가리키길 바랐고, 나를 향한 하나님의 꿈이 내가 원하고 바라던 그 꿈이기를 바랐다.

수련회 가기 몇 주 전부터, 부서 선생님이 공과 시간마다 우리에게 수련회 때 기도할 기도 제목을 물어봤다. 대부분이 부모님의 건강과 학교 성적, 그리고 큰 믿음이라고 했다. 이건 자녀로서, 학생으로서, 신앙인으로서, 정답 같은 기도 제목들이지만, 나는 그걸 들으면서 속으로 생각했다.

'기도 제목이 없구나. 아니면 너도 나처럼 숨겼거나….'

수련원으로 출발하는 버스에 타니, 선생님께서 학생들에게 빠진 건 없는지 꼼꼼하게 다시 확인해 보라고 하셨다. 전날 밤부터 몇 번이고 간질약을 확인했지만, 나는 또 간질약부터 확인했다. 버스에서 졸다 깨도 약부터 확인했고, 누군가 "아, 맞다! 그거 안 가지고 왔다"라고 해도 다시 약을 확인했던 것을 보면, 내 뇌의 한쪽은 약과 연결된 것이 분명했다. 누가 내 약을 훔쳐 갈 리도 없고 대놓고 빼앗을 것도 아닌데, 게다가 가만히 앉아 있으니 잃어버릴 일도 없는데, 나는 버스를 타고 가는 내내 몇 번이고 확인했다. 이러다가는 예수님 다시 오시는 그때도, 약을 챙겨야 한다면서 허둥대지 않을까 싶었다. 나는 내가 약을 챙기는 게 아니라, 약이 나를 체포한 것 같았다.

첫째 날 저녁 집회가 시작됐다. 찬양, 말씀, 그리고 기도 시간 말고 딱히 새로운 것은 없었다. 나는 새로운 것을 기대하지도 않았다. 게다가 새로울 필요도 없으니 매년 똑같아도 아무 상관 없었다. 내게 필요한 것은 새로운 것이 아니라 내게 일어날 하나님의 새로운 일이었으니 말이다. 나는 그 일을 보기 위해 하나님께 딱 붙어 기다리고 또 기다렸다. 아니, 지랄하고 또 지랄했다가 맞겠다 싶었다. 무릎 꿇고 부르짖고, 두 손을 들고서 애원하고, 일어서서 발을 팍팍 구르며 빌고, 제자리에서 펄쩍펄쩍 뛰면서 소리치고, 몸을 이리저리 미친 듯이 흔들면서 수 시간을 빽빽 외쳐댔으니 말이다. 특히 "내 이름으로 무엇이든지 내게 구하면 내가 행하리라"(요 14:14)를 반복하면서, 이 말씀은 하나님께서 하신 말씀이고 하나님께서 직접 하신 약속이니, 이 말씀 그대로 내게 행해 달라고 목이 찢어져라 기도했다.

'사랑이신 하나님께서 어찌하여…', '구원자이신 하나님께서 어찌하여…', '고치시고 회복시키시는 하나님께서 어찌하여…', '내 모든 것을 다 아시는 하나님께서 어찌하여…'라는 생각 따위는 아무 소용없었다. 해 봤는데 답도 없고, 답이라고 하는 것들도 하나같이 다 시원찮았다. 내가 할 수 있는 건, 내가 해야 하는 건, 의심하면서도 믿고, 불만을 얘기하면서도 믿고, 믿으면서도 또 믿는 거였다. 나는 하나님께서 거기 계시다는 것을 믿었을 뿐 아니라 알고 있었기에, 오롯이 기도해야 했다. 목은 터질 것 같고, 배는 쪼여 찢어질 것 같고, 머리는 얻어맞은 것처럼 멍했지만, 그래도 기도해야 했다.

누구는 이런 내게 믿음이 좋다고 하기도 했는데, 그게 믿음이 좋은 거였는지는 나도 잘 모르겠다. 게다가 믿음이 좋다는 것이 정확히 무얼 말하는 건지도 모르겠다. 하여간 힘들었다. 미친 듯이 부르짖어서 힘들었고, 아무 일도 일어나지 않아서 힘들었다. 첫날부터 정말 힘들었다.

수련회 둘째 날

하루의 첫 예배가 아침 6시라 일어나자마자 예배당에 갔다. 이미 줄은 장난 아니었다. 6시가 되려면 아직 한참이나 남은 시간이었는데 대체 언제들 온 건지, 이렇게나 많이 와 있을 줄은 상상도 못 했다. 나도 나름 일찍 준비하고 간 거였는데, 줄을 보니 뒤에 앉게 생겼었다. 어디 앉을지를 생각한 건 아닌데, 막상 내 앞에 서 있는 애들을 보니 왠지 앞자리에 앉아야 무슨 일이 일어나도 일어날 것 같았다. 특히 앞쪽에 서 있는 애들일수록 무언가 더 전투적이었고, 어디가 됐든 당장이라도 돌진할 것 같은 모습이었던 터라, 나도 저들 속에 있으면 뭐 하나라도 더 얻어걸리는 게 있지 않을까 싶었다. 하지만 꽝! 다음을 노려야 했다.

아직 6시 전인데 줄 꼬리가 완성됐다. 나는 평소와 다른 애들을 보며, 이게 분위기를 타서인지, 아니면 예배가 좋아서인지, 또는 말 못 할 간절함 때문인지, 그 어떤 뭔가를 경험해서인지 너무 궁금했다. 하지만 나는 누구에게도 묻지 않았다. 물어보기도 싫었고, 물어봤자 말해 주지 않을 것 같았다. 다만 허공에 흩뿌려지는 저 누군가의 말소리들을 들으며, 나는 내 생각들을 조립해 갔다.

예배가 시작됐다. 찬양곡도 어제랑 다르고, 말씀 내용도 다르고, 기도 시간도 달랐지만, 찬양이든 말씀이든 기도 시간이든 내 목적은 전날과 똑같았다. 나는 그 아침에도 "너희가 기도할 때에 무엇이든지 믿고 구하는 것은 다 받으리라"(마 21:22)라는 그 말씀을 이빨 하나하나로 씹어 가면서 고쳐 달라고 간절히 기도했다. 특히 간질을 고쳐 달라는 내 부르짖음이 하나님을 향한 간구가 아닌, 나를 향한 하나님의 죄책감이 되길 기도했다. 그래야 더 빨리 고쳐 주실 거라 생각했다. 시간이 갈수록 머리가 멍했다. 생각이 많아서 그랬던 것 같진 않고, 오히려 머릿속에 그 하나가 꽉 차 있어 그랬던 것 같다.

첫 예배가 끝나고 우리는 모두 밥을 먹기 위해 줄을 섰다. 밥은 앞쪽에 서 있든, 중간에 서 있든, 뒤쪽에 서 있든 상관없이 모두가 부족함 없이 먹을 수 있었다. 나는 그런 밥을 먹으며, 순간 이런 생각이 들었다.

'밥도 충분하게 준비되어 있으면 어디에 서 있든 넉넉하게 맛있게 먹을 수 있는 건데, 내가 믿는 하나님은 이 밥보다 더 높은, 아니 다른 차원의 밥 아닌가.'

그렇다면 나는 앞에 앉든, 중간에 앉든, 뒤에 앉든, 하늘로 돌격할 것 같은 저 애들 주변에 앉든, 차가운 애들 주변에 앉든, 홀로 앉든, 상관없이 그 하늘의 밥을 배부르게 먹을 수 있는 것 아닌가. 그러면서 나는 '자리에 연연하지 말자. 주변 신경 쓰지 말자. 저 하늘의 밥을 먹자. 충분한 그 하늘의 밥이 이 간질을 고칠 것이니, 그 밥만 집중해서 먹어 보자'라고 마음먹었다.

나는 또다시 줄을 섰다, 오전 10시에 시작되는 오전 예배 줄. 들어가면 또 찬양, 또 말씀, 또 기도였지만, 나는 그 반복되는 시간과 순서들이 필요했다. 솔직히 말해 그곳은 '이렇게 지루해도 되나?' 싶을 정도로 지루한 곳이었다. 그럼에도 나는 그곳에 있어야 했다. 문득 예전에 했던 보물찾기가 기억났다. 실제 보물도 아닌데 그 보물을 찾겠다고 얼마나 설치면서 뛰어다녔던지 아무런 실속 없이 뛰어다니던 그때, 가장 좋은 보물이 있는 곳을 운 좋게 알게 됐다. 애들이 이리 뛰고 저리 뛰면서 찾았다고 소리치고 좋아해도, 나는 큰 보물이 있다는 그곳을 절대 떠나지 않았다. 백방으로 찾아도 그걸 찾을 수 없으니 얼마나 지루하고 성질이 나던지, 나중에는 눈알이 빠질 것 같고 머리는 어지러워 혼자 그곳에서 난리도 아니었다. 그래도 나는 그곳을 떠날 수 없었다, 그곳에 그것이 있으니 계속 그곳에 있을 수밖에 없었다. 내게 수련회가 그랬다. 나를 구원하신 하나님이 계시고, 이 병을 고쳐 주시겠다는 하나님이 계시는 곳이었다. 그렇기에 지루하든 말든 상관없이, 또 찬양하고 또 말씀 듣고 또 기도했던 것이다.

그리고 수련회는 보물찾기와는 다른 독특한 하나가 있었다. 보물은 내가 찾아야 하는 것이고 하나님은 자기를 찾는 자를 만나 주신다는 사실이었다.[7] 그래서 나는 이 줄에 섰다. 별일 없으면 안 되는 곳인데 자꾸만 별일이 없으니 괴로웠다. 무엇보다 하나님을 찾으면 만나 주시고 만날 것이라고 하나님께서 직접 성경에 약속하셨는데,[8] 나는 왜 안 만나 주시고 안 고쳐 주시는지 알 수가 없었다.

'죄짓고 숨어 버린 아담은 그렇게 부르시고 찾으셨으면서, 하나님을 찾는 내게는 왜 이렇게까지 숨어 계셨던 것일까? 하나님은 아담과 하와를 죽이려고 찾은 게 아니라 살리려고 찾으신 건데, 살고 싶은 나의 부르짖음에는 왜 이렇게 차가우신 걸까? 혹시 내 믿음이 이상하거나 잘못된 것일까?'

---

7 너희가 온 마음으로 나를 구하면 나를 찾을 것이요 나를 만나리라(렘 29:13)
8 나를 사랑하는 자들이 나의 사랑을 입으며 나를 간절히 찾는 자가 나를 만날 것이니라(잠 8:17)

나는 이 별일 없음이 내 믿음 때문인가 싶어 계속 묻고 또 생각했다. 나는 하나님께, 내 믿음이 크거나 좋은 믿음이 아닌 건 아는데, 옳은 믿음이기는 한 것인지 몇 번이고 물어봤다. 그러다 나중에는 정신 나간 사람처럼, 하나님을 믿는다고 말하기도 하고, 믿음이 없다고 말하기도 하고, 내 믿음은 틀려먹었다고 말하기도 했다. 모르겠다. 나의 하루는 너무 단순했다. 그러나 이 하루는 너무나도 빠르며 이해되지 않는 것투성이었다.

어느새 저녁 예배 시간이 됐고, 나는 또 줄을 섰다. 계속되는 예배는 뜨거웠고, 부르짖는 내 모습은 불같았다. 하지만 부르짖는 내 마음속에서는 여전히 아무것도 느껴지지 않아 괴로웠다. 그래도 나는 거기에 서 있어야 했고 그곳에 들어가야만 했다.

한번은 어릴 적 동생과 함께 엄마와 어딘가로 갔는데, 나와 동생은 너무 어려서 그랬는지 엄마만 졸졸 따라갈 뿐이었다. 그런데 내가 무슨 심통이 났었는지 길거리에서 엄마한테 짜증을 잔뜩 부렸고, 엄마는 나를 그냥 그곳에 둔 채 동생을 데리고서 갈 길을 가셨다. 나도 그때는 너무 화가 나서 될 대로 되라는 식으로 반대로 걸어갔는데, 걸어갈수록 도무지 어디로 가야 할지를 몰라 덜컥 겁을 먹어 버렸었다. 다시 돌아가려고 뒤를 돌아봤는데,

한참을 와서 그랬는지 여기가 어디인지도 모르겠고 어떻게 왔는
지도 헷갈려 아무것도 할 수가 없었다. 그렇게 거기서 얼어 버린
나는 그냥 그곳에 선 채로 두리번거리며 어쩔 줄 몰라 했다. 그
런데 그때 엄마가 내 손을 확 낚아챘다. 그러고 끌고 가셨다. 나
는 겉으로 계속 씩씩거렸다. 하지만 엄마 손을 놓지 않았다. 짜
증이 났어도 엄마에게 붙어 있어야 했다. 수련회에서도 나는 엄
마 손처럼 꽉 붙잡고 있어야 했다. 지금 뭐가 어떻게 돌아가고
있는지 알 수가 없었지만 말이다.

찬양팀에 속한 애들 몇몇은 목구멍이 다 보일 정도로 입을 벌려
가며 찬양했고, 누구는 땀을 뚝뚝 떨어트려 가며 율동을 했다.
또 누구는 흐르는 눈물과 콧물을 주체하지 못하기도 했다. 나도
그곳에서 하나님을 찬양했고, 하나님께서 약속하신 그 말씀을
붙잡고 목구멍 터져 나가라 기도했다. 특별히 어떻게 하면 이 간
질이 나을 수 있는지 알려 달라고 개처럼 짖으면서 기도했다. 그
러다 나는 "고쳐 달라고 기도했으면 이제부터는 믿고 기다리면
되는 겁니까?"라고 물었고,⁹ 아니면 "고쳐질 때까지 계속 기도해
야 합니까?"라고 물었으며, 아니면 "회개를 대체 어떻게 더 해야

---

9 그러므로 내가 너희에게 말하노니 무엇이든지 기도하고 구하는 것은 받은 줄로 믿으라 그리
   하면 너희에게 그대로 되리라(막 11:24)

하는 겁니까?"라고 물었고, 아니면 "내가 뭘 해야 하는 겁니까?"
라고 하나님께 물었다. 나중에는 혹시 내 기도가 틀렸다면, 뭐가
틀렸는지? 그러면 어떻게 해야 하는지? 그것도 다 알려 달라고
계속 부르짖었다. 예배가 거의 끝나갈 때쯤에는, 하나님께서 이
미 나를 만나 주신 것이라면 내가 그걸 깨달을 수 있게 해달라고
기도했고, 간질을 고쳐 주셨다면 내가 그걸 확신할 수 있도록 확
인시켜 달라고까지 기도했다.

예배가 끝났다. 그런데도 나는 희망에 중독된 것처럼, 하나님께
서 나를 만나 주실 거라 믿었다. '나를 고쳐 주실 거다. 반드시
이 병을 깨끗이 낫게 하실 거다. 이 거지 같은 걸 없애 주실 거
다.' 이것들을 끊임없이, 주문처럼 외워 댔다.

수련회 셋째 날

여기저기 쉰 목소리 천지다. 나도 마찬가지니…. 쟤들
이 왜 저렇게 된 건지 안 봐도 안다. '쟤들은 무얼 위해 기도했을
까? 기도는 응답되었을까? 아니면 뭐라도 느꼈을까? 혹시 쟤들
중에 간질 걸린 애가 있을까?' 그 누구한테도 물어보지 않을 거

고, 그 누구에게서도 듣지 못할 텐데, 나는 왜 이런 생각을 하고 있었던 걸까? 나는 아무 의미 없이 습관처럼 하늘을 올려다봤다. 하늘이 파랗다. 언제부터 저렇게 파랬던가? 매일 파랗다 보니 파랗다는 것을 잊은 듯했다. 창조된 첫날 저 파란 하늘을 보며 하나님은 좋다고 하셨다. 단순히 기분이 좋으셨을까? 좋다는 것에는 무엇이 숨어 있을까? 그냥 좋다는 것은 너무 단순하지 않은가. 그렇다면 하나님은 무엇이 좋았을까? 저 하늘을 볼 내가, 저 하늘을 볼 당신이, 그 하늘을 보고 있을 우리가 아름답고 귀해서 좋다고 하셨던 건 아닐까? 하나님의 최종 목적은 나와 당신, 즉 우리 사람들이니 말이다.

나는 새벽, 이른 아침 다시 하나님을 부르러 갔다. 어제는 아팠지만, 어제는 괴로웠지만, 오늘은 아닐 수 있지 않은가. 하늘과 땅이 하나님에 의해 만들어질 때, 땅은 땅이 휘황찬란한 꽃을 피워 내고 각양각색 열매들을 맺어 내는 땅이 될 거라고 생각이나 했을까? 하늘은 하늘이 펼쳐졌을 때 구름이 피어오르며, 불꽃을 일으키고, 비를 쏟아 내는 장관을 이루는 하늘이 될 거라고 생각했을까? 어제 나의 하루가 척박한 땅이었다고 하더라도, 공허한 공간이었다고 하더라도, 오늘 내 땅에 꽃이 필 수 있고 내 하늘에 무지개가 펼쳐질 수 있음을 꿈꿀 수 있는 것 아닌가. 하나님께서 우리에게 성경을 주시고 그것을 읽게 하신 것은, 아마도 이런 꿈을 꾸길 바라서지 않을까? 내 꿈이 어제 이뤄지지 않았더라도, 꿈을 꾼다는 것 자체가 하나님의 꿈이라는 생각이 들었다. 그런 의미로 나는 전날의 희망에 중독된 것이 아니다. 나는 내가 나에게 줄 수 있는 모든 꿈을 줬을 뿐이다.

수련회 셋째 날, 나는 기쁜 마음을 먹겠다고 마음먹었다. 기쁜 마음은 기쁜 일이 생겨야 생기는 마음이지만, 당시 내게는 기쁜 일이 생기는 것을 기다리는 것보다 기쁜 마음을 먹는 것이 기쁜 일을 생기게 하는 데 더 빠르다고 생각했다. 그래서 나는 기쁜 마음을 먹으며 기도했다. "하나님, 내 병을 고쳐 주셔서 감사합니다. 감사합니다. 고쳐 주셔서 감사합니다"라고…. 기쁜 마음을 먹었다고 해서 기쁜 마음이 생긴 건 아니지만, 기쁜 마음으로 기도하면 하나님께서 나를 조금이라도 봐 주지 않으실까 생각했다. 순간 나는, 기쁘지 않은데 기쁜 마음을 먹어 보려는 내가 불쌍했다. 하지만 아무래도 상관없었다. 하나님은 나를 어찌 보실까 혼자 생각해 봤지만, 하나님께서 이런 나를 기뻐하실 거라고는 말 못 하겠지만, 확실한 건 나를 싫어하실 것 같지는 않았으니까…. 창조하신 것들을 보시는 것만으로도 기뻐하셨는데, 기쁜 마음을 먹어 보겠다는 나를 미워하시거나 어이없어하지는 않으실 테니까….

나는 이것저것 떠올리면서 기쁜 마음을 먹었다. 눈으로 볼 수 있어서 기쁘다고 말했고, 코로 똥 냄새라도 맡을 수 있어서 기쁘다고 말했고, 먹을 수 있고 말할 수 있어서 기쁘다고 말했고, 들을 수 있어서 기쁘다고 말했고, 두 손이 있어서, 두 발이 있어서, 그리고 하나님이 계셔서 기쁘고 하나님이 믿어져서 기쁘다고 말했다. 기쁜 마음을 먹겠다고 마음먹은 나는 기쁜 이유들을 더 찾아냈고 더 생각했다. 엄마 아빠 그리고 동생이 있어서 기쁘다고 말했고, 키가 작아도 기쁘다고 말했고, 열 손가락이 있어서 기쁘다고 말했고, 발가락이 열 개라서 기쁘다고 말했고, 손으로는 뭐든 집을 수 있고 발로는 어디든 갈 수 있고 설 수 있어서 기쁘다고 말했다. 나중에는 눈썹부터 해서 별의별 내용들로 기쁜 내용을 채워 갔다. 근데 자꾸 이것저것 기쁘다고 해서인지, 내가 생각한 것들이 정말 기쁜 일이라는 생각이 들었다.

수련원은 산 중턱에 있어 할 수 있는 거라고는 예배뿐이며 볼 거라고는 산과 하늘뿐이었다.

　‘저 하늘, 저기로 예수님께서 다시 오신다는데, 그때는 어떨까? 예수님께서 지구로 다시 오실 때, 예수님은 기쁘실까? 아니면 그 반대일까? 나는 또 어떨까? 예수님이라는 것을 단번에 느낄까? 아니면 다른 세계가 열리면서 모든 것들이 다 새로워질까?'

혼자 하늘을 보면서 이런저런 생각을 하는데, 다른 건 모르겠고 일단 하늘에서 예수님이 오신다면 그 자체만으로도 너무 신날 것 같다는 생각이 들었다. 그런데 그 순간, '하나님이 나를 모른다고 하시면…' 이런 생각이 확 드는데, 얼마나 소름 끼치고 무섭던지…. 나는 혼자 하늘을 보면서 몇 번이고 하나님을 믿는다고 말했다. 그런데 나는 금세 또 '지구는 둥근데, 예수님이 오시면 지구의 모든 사람이 어떻게 동시에 예수님을 볼 수 있을까?' 하는 생각을 하면서 하늘을 뚫어지게 쳐다봤다. 아무것도 없는 저 하늘을 계속….

아무것도 없는 하늘인데, 자꾸만 보게 되는 이유를 나도 잘 몰랐다. 계속 보고 또 보았다. 할 게 없어서 본 하늘인데, 보다 보니 할 게 있어도 거기서 계속 하늘을 보고 싶었다. 아무것도 없는 하늘일 뿐인데, 왜 그리 마음이 편해지던지…. 파란 하늘에 구름 몇 개 떠 있는 게 다인데, 참 편했다.

'저 하늘은 아픈 걸 모르겠지? 저 하늘에 누가 상처를 낼 수 있고 누가 침을 뱉을 수 있을까? 예수님은 언제쯤 저 하늘로 오실까?'

아무도 더럽히지 못하고 더럽혀진 적 없는 저 하늘에 들어가 보고 싶다는 생각이 머릿속에 가득했다. 저 하늘이 천국으로 가는 휴게소가 되면 좋겠다고 생각했다. 나는 아무것도 없는 저 하늘을 보며 혼자 상상했다.

'저 품에서 오래도록 쉬고 싶다. 저기서 누워 자면 푹신하고 시원하고 따듯하고 부드럽겠지?'

마지막 저녁 예배가 시작됐다. 5시간 후면 예배는 끝날 텐데, 그때는 내게 어떤 일이 일어나 있을까 궁금했다. '하나님은 믿는 자에게 역사하신다는데, 그 일이 내게 일어날까? 아니면 그전처럼 그냥 그렇게 끝나 버릴까?' 누구는 기도하면 하나님이 정하신 때에 다 이루시니 기다리라고 하는데…. 말이 쉽지, 그게 잘 되지가 않았다. 생각이 꼬리에 꼬리를 물면서 계속되는데, 진짜 돌아버릴 것만 같았다. 하루 동안 나름 기쁜 마음 먹어 본다면서 이것저것 되도 않는 감사들을 그렇게 토하듯이 해 댔는데, 시간이 얼마 남지 않았다고 생각해서인지 기쁜 마음 따위는 없었다.

그때 어디선가 들었던 말이 떠올랐다. 약속하신 분의 약속을 믿는 자가 어찌 무시를 당하며, 약속을 이루시는 그 하나님을 신뢰하는 자가 어찌 외면을 당하겠냐며, 내 고통의 원인은 내게 있으며 고통의 해결도 내게 있다는 것. 그 해결은 바로, 첫 번째도 믿음이고 두 번째도 믿음이고 세 번째도 믿음이라는 것. 그때도 마찬가지였다. 하나님을 믿으라고 하셨다. 하나님만을 믿으라고, 하나님만을 믿어야 한다고 말이다. 나도 알고 있었다. 그래서 이렇게 미친놈처럼 목소리가 다 터졌는데도 부르짖고 있지 않은가. 차라리 낫기 위해서는 이것도 해야 하고 저것도 해야 한다면, 이것저것 다 하면서 기다리기라도 할 텐데, 내가 할 수 있는건 믿는 것이고 성경도 하나님만을 믿고 의지하라고만 하니, 답답해도 계속 그걸 할 수밖에 없었다. 이틀 전부터 쉬지 않고 매시간 부르짖으면서 그렇게 난리를 쳤는데도, 별 느낌이 없다.

저녁 예배가 끝나고서 우리는 모두 넓은 운동장에 모였다. 시커먼 밤, 우리 중앙에는 커다란 불길이 하늘로 솟구쳐 올라갔고 그곳에서 찬양과 간증이 시작됐다. 간증하는 애들은 이래서 좋았고 저래서 좋았다며 즐거워했고, 신비한 일들을 경험한 애들은 여기저기 다니면서 주변 애들과 끊임없이 이야기를 나누었다. 방언 받았다는 애들은 또 왜 그렇게 많은지, 걔들 대부분은 혀가 자기 마음대로 움직이지 않았다고 말하면서 놀라워하고 신기해 했다. 그런데 나는 목만 쉬었지, 아무것도 할 얘기가 없었다.

나는 시커먼 그 밤이 왠지 하나도 무섭지 않았고, 오히려 무대 배경 같아서 느낌 있어 보였다. 그 검은색도 하나님이 만드신 거 아닌가. 아무것도 없고 아무것도 안 보였지만, 기분이 좋았다. 참 이상하지. 재밌는 거라고는 아무것도 없었고, 며칠 동안 뭐 하나 느낀 것도 없었는데, 왜 그렇게 즐겁고 좋은지…. 여기를 봐도 시커멓고 저기를 봐도 시커멓고 애들은 누가 누군지 잘 보이지도 않았지만, 그냥 좋았다. 평소 같았으면 아무리 모든 것이 잘 차려져 있어도 이게 없어서 별로고 저게 없어서 이상하다고 했을 텐데, 그곳은 아무것도 없었는데도 뭔가 말할 수 없는 기분 좋음이 있었으니 그냥 좋았다는 거 말고는 할 말이 없었다. 왠지 하나님이 내 병도 고쳐 주신 것 같았다. 아빠는 가끔 하나님이 고쳐 주셨으니 믿음으로 약을 먹어 보지 말라고도 하셨는데, 나 는 그 미친 짓을 한번 해 볼까 싶은 마음이 들었다.

주변을 돌아보면 아무것도 보이지 않고 어두컴컴했는데, 나는 그 어둠이 순간 눈부셨다. 내 기분이 좋아서 그랬을 수 있지만, 이상하게 어둠을 볼수록 어둠이 눈부시다는 느낌을 강하게 받았다. 엄마는 내게 하나님이 너와 함께하신다고 항상 얘기해 주셨는데, 그 묘한 기분이 그런 건가 싶은 생각도 들었다. 어쨌든 좋았다. '어둠이 눈부시다니!' 나는 혼자 또 이상한 상상을 하면서, 그렇게 그곳에서 신나 했다.

시간이 갈수록 애들 볼은 벌겋게 달아올랐고, 불길은 달에게 달려갈 것처럼 시끄럽게 솟아 댔다. 바로 그때, 갑자기 전조 증상이 시작됐다. 나는 바로 일어나서 어두운 곳으로 뛰어 들어갔다. 빨리 저 시커먼 곳으로 들어가야 한다는 생각 하나만으로 달렸고, 그렇게 나는 불길에서 점점 멀어져 갔다. 운동장 끝에서 계단이 시작됐는데, 나는 그 계단을 오르고 또 올랐다. 얼마쯤 올랐을까. 저 위까지 올라갔다가 잘못 떨어지면 크게 다칠 거 같아서 중간쯤에서 멈추고는 계단 벽 쪽에 몸을 최대한 붙였다. 그러고 나는 그곳에 누운 채 혼잣말을 하기 시작했다.

"여기는 중등부 수련회, 나는 김도운, 나는 김도운."

계속 반복하고 또 반복했다. 나는 어떤 생각도, 어떤 슬픔도, 어떤 분노도, 그 어떤 것도 느낄 수 없었다. 나는 그저 계속 "여기는 중등부 수련회, 나는 김도운, 나는 김도운"을 반복했다.

눈이 떠졌다. 하지만 내 눈이 이상해진 건지, 아니면 너무 어두워 그런 건지, 아무것도 보이지 않았다. 주변을 둘러봐도 아무것도 보이지 않았고, 또 고요함은 얼마나 소름 끼치던지. 어떻게 이렇게 깜깜할 수 있고 삭막할 수 있을까? 너무 캄캄해서 내 손조차 보이지 않았다. 나는 그 속에서 어떤 감정도 어떤 생각도 할 수 없었다. 오롯이 공포와 고통만 느껴질 뿐. 나에게 그곳은 빛과 소리가 죽어 버린 곳이었다.

나는 어쩔 수 없이 손으로 땅을 짚어 가면서 계단을 내려갔다. 이때 얼마나 아프고 무섭던지, 내려가고 또 내려가도 끝이 보이지 않았다. 나는 손으로 바닥을 계속 더듬고 또 더듬어 가며 내려갔다. 빨리 밝은 곳으로 가고 싶을 뿐이었다. 그때가 몇 시인지도 몰랐다. 건물 빛도 죄다 꺼져서 오롯이 어둠뿐이다. 걷고 있는데 언제까지 걸어야 할는지 알 수 없었다. 거리는 멀지 않았는데, 그때 그곳은 너무 멀게 느껴졌다.

건물에 가까워질수록 내 모습이 보였는데, 나는 다행이라 생각했다. 한밤중이라서, 새벽이라서, 아무도 내 곁에 없어서, 누구도 나를 보지 않아서, 그래서 참 다행이라 생각했다.

수련회 마지막 날

나는 그날 내가 언제 숙소에 도착했고 어떻게 방에 들어가 잠이 들었는지 잘 기억나지 않았다. 그 순간들이 파편 조각처럼 내 머릿속에 깨져 있었다. 이걸 다 맞추고 싶은 생각이 없었다. 그냥 너무 아프고 무서웠다. 하지만 그때 그 어둠은 그 어떤 빛보다 진하게 패어 있었다.

'이게 하나님의 응답일 리가 없다. 이건 진짜 말도 안 된다. 이러면 안 되는 거 아닌가? 내가 진짜 어떻게 했는데, 아무리 생각해도 이건 진짜 아니다. 마귀가 나를 쓰러트렸던 건가? 그러면 하나님은? 만약 하나님이 놔 두신 거라면, 내 기도와 하나님께서 하신 약속들은 대체 뭔가? 혹시 하나님께서 나를 버리신 건가? 내 믿음이 잘못된 건가? 아니면 뭐 때문인가? 내 기도에 대한 하나님의 응답이 발작일 리는 없지 않은가!'

하나님의 약속이 아팠다. 하나님의 사랑하심이 아팠고 지켜 주심이 아팠다. 하나님은 모든 것을 다 아신다지만, 나는 지금밖에는 모르니 아플 수밖에 없었다. 믿음으로 내일을 바라야 하는데, 그것도 잘 안 되었다. 아무것도 하고 싶지 않고, 아무것도 할 수가 없었다. 그때는 그냥 아팠다. 다음 날이 어찌 될지 몰랐지만, 그때는 좀 많이 그랬다.

14 은혜를 베푸소서

단 하나의 소원

내가 들었던 수많은 설교들은 주제와 형식, 혹은 전달 방식의 차이만 있을 뿐 메시지는 대부분 비슷했고 반복됐다. 하나님은 나를 위해서는 뭐든 하실 수 있고 뭐든 하셨다는 것이었고, 나와 당신을 위해서는 할 수 없는 게 없다는 것이었고, 보호해 주시고 지켜 주시며 필요로 하는 것들을 다 준비해 주시고 구해 주신다는 것이었다. 또 먼저 고쳐 주시고 먼저 살려 주시고 먼저 치료해 주신다는 것이었고, 하나님께 요구하기도 전에 먼저 베푸시고, 바라기 전에 쥐여 주신다는 것이었으며, 무엇보다 내가 밤에 눈을 감아도 하나님은 눈을 감지 않는 분이라는 것이었다. 그러니 이 하나님을 믿으라고, 믿으면 이루어진다고…. 하나님은 믿는 자에게 역사하시니, 반드시 믿고 또 믿으라고….

나는 어김없이 생각지 못한 때에 또다시 쓰러졌다. 하나님을 믿었고, 하나님의 능력이 믿어졌는데도, 나에게는 별다른 일이 일어나지 않았다. 나를 위해서는 뭐든 할 수 있으시다는 분이 아무것도 하지 않으셨다. 나는 평범한 사람이 되고 싶었을 뿐이고, 그냥 무난한 하루를 살고 싶었을 뿐이었다. 단지 그것뿐이었다. 그러나 나의 오늘은 여전히 그대로였다.

모든 것을 다 할 수 있으시다는 저 말, 나와 당신을 위해서는 할 수 없는 게 없으시다는 저 말, 보호해 주시고 지켜 주시고 필요로 하는 것들을 다 준비해 주시고 구해 주신다는 저 말, 먼저 고쳐 주시고 먼저 살려 주시고 먼저 치료해 주신다는 저 말, 요구하기 전에 베푸시고 바라기 전에 쥐여 주신다는 저 말, 내가 밤에 눈을 감더라도 하나님은 눈을 감지 않는 분이라는 저 말들과 약속들은 대체 누구를 위한 약속일까? 난 100개의 소원을 가지고 있지 않았다. 50 개의 소원도 아니었다. 스무 개도 아니고, 열 개도 아니고, 한 개였다. 한 개, 단 하나란 말이다.

하나님은 나를 사랑한다고 하셨고, 하나님께 기대라고 하셨다. 그래서 나는 기댔다. 간질 고쳐 달라고 기댔고, 살려 달라고 말했다. 인간을 너무 사랑해서 바보 천치가 된 유일신에게 구하고 바랐다. 그게 다였다. 그렇게 해도 된다고 해서 매달렸고, 더 나아가 그렇게 해야만 한다고 해서 간절하게 빌었다. 무당에게 빌고 또 빌었던 우리가, 의사에게 애원하고 또 애원했던 우리가, 하나님께만 빌고 바랐다. 상황은 제자리였다. 이런 나에게 사랑한다 말해 주는 엄마가 불쌍했고, 그 사랑으로 오늘을 살아가 보는 내가 너무 처량했다. 해가 뜨지 않는 밤이 나에게도 빨리 왔으면 좋겠다고 생각했다. 하나님의 약속들은 누구를 향하고 있으며 누구에게 부어질까? 만약 하나님의 약속이 간절히 바라는 자에게 내리는 것이었다면, 나는 진작에 누렸을 것이다.

하나님께서 병을 고쳐 주셨다고 말하는 사람들의 말은 가짜가 아니다. 몸으로 증명하고 있고, 살아가는 것으로 자신을 나타내기 때문이다. 그들이 부럽다. 하나님이 그들에게 일하셨다. 당신에게 일하신 하나님이 나에게도 일하실 수 있는데, 나에게는 차갑다. 하나님의 복과 능력을 받는 것은 무얼 잘해서 받는 것도 아니고, 무얼 드려서 받는 거래도 아니다. 그들이 받아 누렸다면, 나도 받아 누릴 수 있다. 하지만 현실은 그렇지 않았다. 어느 날 눈이 떠졌는데, 또 길바닥이었다. 살았는데 죽어 버린 느낌이었다. 그냥 이대로 몸과 마음이 다 부서져 없어져 버렸으면 좋겠다고 생각했다.

뭐가 이리 어렵습니까

병든 자녀를 둔 부모에게 병을 고칠 방법이 있다고 말하면, 그 부모는 자녀를 위해 뒤도 안 돌아보고 바로 그것을 한다. 병을 고칠 방법이 없다고 해도 병을 고칠 방법을 죽을 때까지 찾으려는 것이 그들의 마음인데, 그들이 못 할 것이 무엇이겠는가. 그들은 고민 없이 바로 그 방법을 시도할 것이고, 지체 없이 서두를 것이다. 병든 자녀를 둔 부모는 병든 자녀를 위해 뭐든 한다. 자신이 희생당하고 고통을 겪더라도 기꺼이 한다. 이들이 이렇게 하는 이유는 딱 하나다. 사랑하기 때문에…. 사랑이 이들을 거침없이 만들고, 사랑이 이들을 바보로 만든다.

그러면, 하나님은 어떤가? 하나님도 바보다. 인간을 사랑하고 또 사랑하고 끝까지 사랑한다. 그래서 고치고 살린다. 병을 고칠 방법이 있든 없든 상관없이 고쳐버린다. 병을 고칠 조건이 되든 안 되든 상관없이 낫게 한다. 그런데 그럴 수 있는 분이 나한테는 그렇게 하지 않았다. 하나님의 인간 사랑하심은 너무나 분명하고 그분의 능력 행하심은 그 누구도 방해할 수 없는데 그 능력이 나에게는 나타나지 않았다. 하나님은 대체 나에게 왜 이러시는 것일까? 하나님은 할 수 없었던 것인가? 아니면 하지 않은 것인가? 할 수 없었다면, 그건 혹시 나 때문인 건가? 내 믿음이 잘 못된 것인가? 아니면 내가 무얼 크게 잘못한 탓인가? 만약 하나 님께서 의도적으로 하지 않은 것이라면, 그건 또 무엇인가? 나 는 무얼 어떻게 해야 하는 것인가? 원인을 찾고 싶은데 원인을 찾을 수가 없었다.

나는 하나님만 믿으라고 해서 하나님만 믿었고, 하나님께서 고 쳐 주시겠다고 하셨으니 하나님께 고쳐 달라고 기도했을 뿐이 다. 하나님을 믿는 것은 하나도 어렵지 않은데, 하나님을 믿을수 록 뭐가 이리 죄다 어려운 것인가.

나는 무엇이든 다 할 수 있으시다는 하나님 앞에서, 무엇을 어떻 게 해야 할지를 몰랐다. 그저 어느 날은 하나님을 의심하고 또 의심했고, 어느 날은 의심을 의심하면서 기도했을 뿐이다.

"하나님 뜻 모르지만, 나를 고쳐 주소서
하나님 계획 모르지만, 나를 회복시켜 주소서
하나님 마음 모르지만, 나를 구해 주소서
혹시 이렇게 사는 것이 하나님 당신의 뜻입니까?
그 뜻 돌이키시고, 내게 은혜를 베푸소서"

이렇게 부르짖고 또 부르짖다 보면, 언젠가 좋아질 거라 여겼다.

이렇게 부르짖고 또 부르짖다 보면, 언젠가는 하나님 품에 있을 거라 생각했다.

15 내 오랜 착각

함께하신다는 약속

하나님께서 함께하신다는 약속은 어려운 것도 아니고, 이해할 수 없는 것도 아니고, 해석이 필요한 것도 아니다. 하나님의 함께하심은 하나님이 나와 함께하시면서 나를 지키시고 보호하신다는 것이다. 하지만 나는 그 말이 다 이해되지 않을 때가 있다. 그토록 애타게 하나님을 찾고 바라고 기도하는데도, 하나님께 뭔가 버려진 거 같을 때 그렇다. 나는 한두 번 겪은 일들을 가지고 하나님의 함께하심이 이해되지 않는다고 말하는 게 아니다. 오히려 버려진 것 같은 그 현실들이, 내게 꽤 오랫동안 지속됐고 갈수록 더 확대됐으며 점점 더 견고해져서 그런 것이다. 아무튼 하나님의 함께하심이 이해 못 할 내용이 아님에도, 살아갈수록 이해되지 않으니 답답하기만 하다.

어떤 이는 이런 내게, 하나님께 버려진 것처럼 보일지라도 실은 버려진 것이 아니라 다른 형태의 함께하심이라고 했다. 그러나 그렇게 말한다면 못 할 말이 어디 있겠는가? 그 말대로라면 어떤 일이든 다 하나님의 함께하심이지 않을까?

나는 '하나님의 함께하심'을, 누구 옆에 단순하게 '있음'으로 이해하지 않는다. 하나님은 누가 됐든 뭐가 됐든 그 곁에서 무엇이라도 일하시기 때문이다. 성경을 보면 하나님께서 시작을 만드셨다고 했고, 하나님께서 시간을 만드셨다고 했으며, 하나님께서 하늘과 땅을 만드셨다고 했다. 또 하나님께서 모든 생명을 만드셨다고 했고, 하나님께서 사람을 만드셨다고 직접 말씀하셨다(창 1장). 그리고 하나님은 산처럼 그곳에 그대로 변함없이 존재하시는 것이 아니라, 사랑하시고 동행하시고 구원하시는 존재로서 변함없이 존재하신다고 성경을 통해 직접 말씀하셨다.

그런데 그렇게 계속 무언가 일하시는 분이 내게는 아무것도 하지 않으시는 것 같으니, 대체 무얼 해야 할지를 몰랐다. 혹시 하나님의 함께하심에는 차별이 있는 걸까? 그렇다면 나는 하나님의 불평등을 인정해야 할까? 모르겠다. 매주마다 교회에서 어떤 이는 하나님이 자신에게 이렇게 일하셨고, 또 어떤 이는 저렇게

일하셨다고 확신에 차서 고백하는데, 그건 배고픈 내게 기대가
아닌 또 다른 기근이 될 뿐이었다.

'기절 놀이'라는 게 있다. 기절 놀이는 말 그대로 누군가를 기절
시키는 놀이다. 사람을 벽에 세워 놓고 코와 입을 막은 후 목을
조르면서 가슴을 주먹으로 세게 내리치면 순간적으로 몸을 파르
르 떨면서 그대로 쓰러진다. 중학교 때는 한 번도 보지 못했는
데, 고등학교에 오니 놀이라는 이름으로 힘없는 이들이 교실에
서 처형되곤 했다. 그날도 몇몇이 기절 놀이라는 걸 하고 있었는
데, 순간 아무 상관 없는 나를 벽으로 끌고 가더니 여러 명이 손
으로 내 코와 입을 막으려고 하는 게 아닌가. 나는 큰소리로 "나
쓰러진다고, 이 씨발 새끼들아!"라고 소리를 질렀다. 하지만 내
앞에 서 있던 놈은 내게 "알아, 새끼야! 쓰러지라고 하는 거야!
잘 가, 붕신아!" 이러는데, 이 새끼는 진짜 미친 새끼라는 생각이
들었다. 이건 단순한 기절 놀이가 아닌 나를 발작하게 만들겠다
는 것이었기 때문이다. 그 짧은 시간, 내가 어떻게 했는지 기억
나지 않지만, 나는 그곳에서 빠져나왔다. 그리고 걔들은 내 주위
를 서성이며 한참을 아쉬워했다. 나중에는 씩 웃으면서 내게 "너
쓰러지는 거 내가 다 아는데, 내가 진짜 그렇게 했겠냐?"라고 말
하는데, 이게 진짜 사람 새끼인가 싶었다. 그렇게 위기를 모면

하고 다 끝났다고 생각했다. 하지만 쉬는 시간이 거의 끝나갈 때쯤, 그놈은 내 뒤에서 목을 낚아채 결국 나를 쓰러트렸다. 그리고 어느 날은, 전조 증상 상태로 걷고 있는 나를[10] 어느 무리가 끌고 가서 내 물건들을 이것저것 훔쳐 갔다.[11]

하나님이 나와 함께하신다고 했지만, 이런 일을 당할 때면 나는 하나님의 함께하심이 뭘 말하는 건지 알 수가 없었다. 혹시 하나님의 함께하심에는 다른 뜻이 있는 것인지 그것도 도무지 알 수가 없었다. 하나님이 나와 함께하신다는 그 약속은 골목에서 놀고 있는 나를 부르는 엄마의 목소리처럼 아주 단순하지 않은가. 그런데 왜 하나님의 목소리는 엄마의 목소리처럼 단순하지 않은 것일까? 하나님의 함께하심은 엄마의 목소리처럼 이해할 필요가 없는 명확한 끌림이자 뚜렷한 사랑이지 않은가. 그런데 왜 이렇게 헷갈리고 어려운 것일까? 고민하면 할수록, 이해할 필요가 없는 하나님의 사랑이, 하나님께서 함께하신다는 그 단순한 약속이 나를 자꾸만 어지럽게 했다.

---

10 의식은 없지만 걷고, 상황에 따라서는 묻는 말에 대답을 하기도 한다. 하지만 그때 말하는 대답은 전혀 상황에 맞지 않는 엉뚱한 말들이다.
11 내 모습을 본 이들에게 들은 내용이다.

하나님이 나와 함께 하셨지만, 내게 아무것도 못 하신 거면 무능한 것 아닌가? 일부러 내게 아무것도 안 하신 거면 악한 것 아닌가? 하나님이 나와 함께 하셨음에도, 내가 아무것도 느끼지 못했다면 그건 내 잘못인가? 아니면 하나님의 실수인가? 생각해 본답시고 이것저것 해 보았다. 답을 찾을 수 없었다. 차라리 내 실수로, 아니면 내 잘못으로 인해, 하나님이 나와 함께 할 수 없었다고 하시면 내게는 그것이 더 희망일 가라는 생각이 들었다. 그래, 그렇다면 하나님의 함께하심이 아직 내게 나타난 것이 아니니, 뭐라도 기대할 수 있는 것 아니겠는가.

그런데 하나님은 자꾸만 내게 "내가 너와 늘 함께 있었고, 함께 하신다"라고 하셨다. 나는 이런 거지 같은 상황을 겪을 때마다 싸움터에 혼자 있는 것만 같았다. 이게 무슨 함께하심이란 말인가? 정말 나와 함께하셨다면, 나에게 뭐가 있어도 있어야 하는 거 아닌가? 사람이 사람과 함께해도 보이는 것들과 보이지 않는 그 온갖 것들이 다 느껴지는데, 내게 하나님의 함께하심은 왜 사람만도 못한 것인가? 정말 하나님이 나와 함께하신 게 맞다면, 하나님은 내게 무엇을 하신 걸까? 혹시 발작하다가 사고로 죽을 수 있는 것을 막아 주셨던 것일까? 발작으로 병신이 될 뻔한 것을 막아 주셨을까? 그랬던 걸까? 그래서 이것 때문에 하나님은 내게, 내가 너와 함께 있었고 함께하신다고 하신 것인가? 이게 하나님의 함께하심이란 말인가? 그러면 나는 목숨을 구해 주시고 신체를 지켜 주신 하나님께 감사하면 되는 것인가? 그렇게 하면 되는 건가? 숨을 크게 들이마시고 나서, 나는 하나님께 감사하다고 말했다. 물론 이 감사하다는 고백은 기계적인 면이 있지만, 혹시 이렇게라도 하면 뭐라도 깨달아지는 게 있을까 싶어서 했다. 하지만 계속되는 이 불편함은 사그라지지 않았다.

발작하다가 사고로 죽은 사람들의 그 고통이 여전히 여러 곳에 배어 있다. 그리고 발작으로 불구자가 된 사람들은 멈추지 않는 숨 안에서 결핍을 마시고 비극을 먹으며 오늘도 죽어 가고 있다. 간질 때문에 자살한 사람들은 고통에서 태어나 체념으로 살다가 죽음을 낳은 채 이곳을 떠나 버렸고, 여기 남은 자들은 끝나지 않은 생명 안에서 끊어져 가는 자신의 생명을 지금도 마주하고 있는데, 이런 곳에서 하나님의 함께하심은 대체 무엇인가? 저들에게 하나님의 함께하심은 무엇을 말할 수 있고, 내게 하나님의 함께하심은 무엇을 말하고 싶을까? 나는 생각했고, 더 생각해야 했다. 저들은 저들이고, 나는 나니까. 저들은 저들을 향한 하나님의 뜻이 있을 테고, 나는 나를 향한 하나님의 뜻이 있을 테니까, 그것만 보고 가면 되는 것일까? 그런 내게 하나님은 또, 내가 너와, 그리고 저 모두와 함께 있었고 영원히 함께하신다고 하셨다. 너무 불편했다.

하나님이 함께하시는데 왜 이렇게 다 다른가? 누구는 죽고, 누구는 낫고, 누구는 불구자가 되고, 누구는 멀쩡하게 다시 깨어난다. 누구는 설레고, 누구에게는 그 설렘이 가증스러운 희망이 되고, 누구에게는 믿음대로 이뤄지고, 누구에게는 그 믿음이 삐뚤어진 망상이 된다. 나는 여기서 이렇게 쓰러지고 저기서 저렇게 쓰러져도 아무 일도 일어나지 않고, 내가 바라는 것은 고통에서의 구원인데 여전히 발작에서의 구출일 뿐이다. 하나님의 함께하심은 신비스러운 약속인데 이런 내게 그 약속은 그저 닫힌 신비에 불과했다. 하나님의 함께하심이 나를 웃게 하고 당신을 울게 한다면, 반대로 나를 울게 하고 당신을 웃게 한다면, 그게 하나님의 함께하심이라고 할 수 있는 것인가? 나는 계속해서 하나님께 물었다.

손은 누군가의 손을 잡아 줄 때 함께하는 거고, 발은 누군가의 발과 맞춰 걸어갈 때 함께하는 거고, 가슴은 누군가의 가슴과 맞닿을 때 함께하는 거고, 등은 등과 등이 서로 기댔을 때 함께하는 거다. 신은 손과 발, 그리고 가슴과 등을 만든 분이 아닌가! 그러면, 그 하나님의 함께하심은 내 손을 잡아 주시고 나와 함께 걸어가 주시고 내 가슴을 품어 주시고 나를 보호해 주셔야 하는 것 아닌가! 하지만 내 손은 잡을 게 없고, 내 발은 향할 곳이 없고, 내 가슴은 맞닿을 곳이 없고, 내 등은 기댈 곳이 없다.

어릴 적 나는 집에 있는 우산들을 몽땅 방 안에 가져와 그것들을 다 펼친 후 둥글게 겹쳐서 작은 동굴, 나만 들어갈 수 있는 굴을 만들곤 했다. 허술하기 짝이 없는 우산 속 내 공간, 툭 건들면 다 쓰러지고 쑥 빼내면 엉망이 되어 버리는 무심한 그곳. 나는 그 안이 너무 좋았다. 방안의 내 방, 우산으로 만든 내 방, 나는 내가 그곳에서 뭘 했었는지 정확히 기억나지 않는다. 그러나 그 안에서 행복했던 기억은 있다. 아무도 없었지만 행복했다. 그 안에서는 그 어떤 것도 필요하지 않았다. 그 안은 오롯이 내 세상이었고, 내 세상 안에서 나는 그 어떤 자신감도 자유도 비밀도 필요 없었다.

그러나 이제는 그렇지 않다. 나는 우산 속 어린아이가 아니며, 이곳은 우산으로 만든 내 방도 아니다. 이곳에서 거칠고 다양한 형태의 힘들은 매우 오만하며, 정의는 무용하다. 그러니 나는 이 곳에 하나님의 함께하심이 필요했다. 내 살에 온기를 더해 주는 하나님의 함께하심이, 내 시간에 영원을 심어 줄 하나님의 함께하심이, 내 공간에 들어오는 그 낯선 침투들을 무의미하게 만들 하나님의 함께하심이 필요했다. 그렇게 꿈꾸고 바랐지만, 나는 또다시 쓰러졌다.

환장할 것 같은 답답함

나는 하나님의 함께하심을 생각하고 또 생각했다. 그게 정말 무엇인지, 무엇을 말하려고 하는 건지, 그건 사람에게 나타나는 실재적인 현상인 건지, 그렇다면 그게 내게 나타났었는지, 나타났었다면 어떻게 나타났었는지, 나타나지 않았다면 왜 나타나지 않았고, 왜 내게는 일어나지 않는 건지, 이건 하나님의 자유로운 의지인 건지, 아니면 하나님께서 세우신 법칙에 의한 하나님의 반응인 건지, 혹시 이건 사람들의 바람들이 만들어 낸 완성된 탐욕은 아닌 건지, 나는 생각했고 또 생각했다. 하지만 나는 결론을 내릴 수 없었다. 결론은 단지 무엇을 선택하느냐의 문제였다.

하나님은 이런 내게 또, 함께하신다고 하셨다. 환장할 것 같았다, 내 하루와 살갗은 전혀 그것을 이해할 수 없고 느낄 수 없었으니 말이다. 하나님이 나와 함께하시는 게 맞다면, 내 병을 고쳐 주시든, 위험한 곳에 가지 않게 막아 주시든, 위기에서 구해 주시든, 뭐라도 해 주셔야 하는 게 아닌가 하고 생각했다. 함께하신다는 저 말은 참 눈부신데, 내 생은 왜 이렇게 허름하고 비천한 건지…. 극적인 것은 없고 아슬아슬하기만 하니, 내게 하나님의 함께하심은 칼날 끝 달콤함이었다.

나는 끝없이 생각하고 믿음으로 기도했지만, 내 질문의 출구를 도무지 찾을 수가 없었다. 나는 숲속에서 길을 잃어버린 것 같기도 했고, 덫에 걸려 버린 것 같기도 했고, 난파선처럼 그 무엇인가를 하염없이 기다리는 황량한 존재 같기도 했다. 아니, 나는 그냥 또 다른 병에 걸린 것 같았다. 집착인지, 믿음인지, 상처인지 모를 그 이상한 병에….

하나님께 물었다. 하나님이 나와 함께하셨다면, 내 곁에서 무얼 하셨는지를…. 지독한 외로움 곁에서는 무얼 하셨고, 변함없이 반복되고 있는, 하지만 날마다 진화하는 그 압제 곁에서 무얼 하셨는지, 무감각해질 만큼 지속되는 고통 곁에서는 또 무엇을 하셨고, 하나님의 함께하심을 바라는 자들에게 일어나는 차별적 결과들 곁에서는 또 어떤 것을 하셨는지를 물었다.

그분의 대답은 없었거나, 반복되는 저 말뿐이었다. 나는 무얼 해야 할지를 몰랐다. 무엇을 생각하고 무엇을 위해 기도해야 할지도 몰랐다. 배고픔은 입속에 뭘 넣어 주지 않고서는 해결되지 않는 건데, 내 의문과 의심이 꼭 그랬다. 무얼 넣어 줘야지 끝날 거 같은데 아무것도 입속으로 들어오는 게 없으니, 이 배고픔은 사라질 줄을 몰랐다. 봄이 가고 다시 봄이 와도 여전히….

계속해서 말씀하셨다

이런 나에게, 하나님은 자신을 "있는 자"라고 말씀하셨다. 하나님의 함께하심, 그리고 그 함께하심의 내용들에 대해서 고민하는데 갑자기 "있는 자"라니? 내가 하나님의 "있음"을 모를 리가 있겠나. 그럼에도 하나님은 내게 자신을 "있는 자"라고 말씀하셨다. 나는 이게 뭔가 되게 생뚱맞다고 생각했다. 하나님의 "있음"을 믿고 알고 있는 내게 "있는 자"라고 말씀하시니, 이건 뭐지 싶었다.

하나님은 이런 의문을 품고 있는 나에게 계속해서 말씀하셨다. '있는 자'가 너와 관계 맺지 않으면, 하나님의 그 '있음'은 네게 무엇이 되겠느냐고…. '있는 자'가 너와 관계하지 않은 채 존재한다면, 하나님의 그 '있음' 앞에 너는 무엇을 할 수 있겠느냐고 말이다. 그리고 이어서, 내가 너와 함께하기 위해서 함께할 수 없는 것들과 함께했고, 내가 너와 이어지기 위해서 이어질 수 없는 것들과 이어졌고, 내가 너와 묶이기 위해서 묶여서는 안 되는 곳에 묶였다고 하셨다. 나는 그간 하나님이 나를 위해 무엇을 하고 계셨는가, 내 곁에서 무엇을 하셨는가를 물었다. 그런데 하나님은 함께할 수 없는 나와 함께하기 위해 함께할 수 없는 것들과 함께하셨다고 하셨다.

하나님은 또 나에게, 이 모든 것을 스스로 선택하셨고 스스로 결정하셨다고 했다. 내 손을 잡기 위해 땅의 욕망인 그 말뚝을 잡으셨고, 내게 오시기 위해 자기 발에 죄와 죽음을 봉인하셨고, 나를 품으시기 위해 피가 통하는 그 길을 창으로 끊으셨고, 내 등 뒤에서 나를 지키시기 위해 자기 등을 십자가에서 떨어트리지 않으셨다고 했다.

하나님은 또 나에게, '있는 자'가 너와 함께 있기로 이미 결정했으니 인생들이 건네는 그 오해들과 착각들에서 나오라고 하셨다. 특히 하나님이 이해되지 않는다는 그 교만함에서, 함께하심에 대한 주관적 인식과 착각에서 나오라고 하셨다. 그리고 하나님은 나에게, 하나님만 바라보라고 하셨다.

네 몸을 보지 말고 네 몸을 만드신 하나님을, 주변을 보지 말고 모든 존재의 근원이자 시작을 시작하신 그 하나님을, 알 수 없음에 파묻히지 말고 그것을 통해 하나님을, 이해와 판단으로 원망하지 말고 인내와 믿음으로 하나님의 일하심을 바라보라고 말씀하셨다.

그리고 하나님은 나에게 마지막으로, 하나님을 기대하면서 기다리라고 하셨다. 하나님이 이 모든 것을 먼저 세우셨고 결국 이루셨으니, 어제가 비참했어도 기대하고, 오늘이 외로워도 기대하고, 내일 죽어 없어진다고 해도 기대하라고 하셨다. 지금까지 내가 너를 지켜 왔고, 모두를 지켜 왔으며, 앞으로도 계속 지키며 영원히 함께할 테니, 끝까지 기대하면서 기다리라고 하셨다.

그러나 나는 솔직히 좀 걱정되었다. 무엇보다 내가 기대하면서 기다릴 수 있을지를 말이다. 너무 괴롭고 아프면, 기대하면서 기다리는 게 잘 안된다. 오히려 기다리는 시간이 더 길어지면, 나만 기다리는 거 같아 더 의심되고 더 불안해질 뿐이니 말이다. 그런데 나도 참 나다. 이렇게 하나님께서 나를 기다려 주시고 깨닫게 해 주시고 품어 주셨으면, 불안하더라도 감사한 마음을 갖고 하나님의 약속을 받아들여야 하는 건데, 또 이 지랄이니 말이다.

이래서 나는 하나님의 도우심이 필요하다. 기대하는 것도 하나님의 도우심이 필요하고, 기다리는 것도 하나님의 도우심이 필요하다. 이건 내 마음먹기의 문제가 아니지 않은가. 하나님께서 도와주셔야지 기대할 수 있고 기다릴 수 있다. 그래야 비루하고 비천해도 기대하면서 기다릴 수 있다.

우리는 믿는 거밖에는 할 수 있는 게 없지만, 하나님께서 우리에게 요구하시는 것은 오직 믿음뿐이다. 그러니 믿으면, 하나님께서 우릴 도우실 거다. 그리고 상상조차 할 수 없었던 것들을 이루실 거다. 그러니 믿자! 기대할 수 없어도, 기다릴 수 없어도! 우리와 함께하시기 위해, 함께할 수 없는 것들과 함께하신 그 하나님께서 오늘도 기대하며 기다리라고 하신다. 나에게도, 그리고 당신에게도….

16 거부가 거부되다

말려 버린 건지, 느껴지는 건지

부모님이 신의 이름으로 나의 내일에 선고를 내리셨다. 그건 다름 아닌 신학 대학교에 가라는 것이다. 아니, 가야만 한다고, 하나님이 정하셨으니 가게 될 거라고 하셨다. 나는 저 말이 부모님의 순간적 바람일 수도 있고 신앙의 일시적 고양감으로 인한 흥분일 수도 있다는 생각에 더는 말하지 않았다. 그리고 나는 무엇보다, 이 자유가 만들어 내는 내 주관적 취향과 내 욕구들의 시의적절성을 시작도 해 보기 전에 이렇게 뺏길 수 없다고 생각했다. 내가 아무리 하고 싶은 게 없고 무얼 해야 할지를 몰랐다지만, 그건 지금 하고 싶은 게 없고 지금 무얼 해야 할지를 모른다는 것이지, 정해 주시는 것을 하겠다는, 또는 정해진 길로 가겠다는 긍정의 신호가 아니었다. 아무튼, 신학교는 내 자율성에 상처를 낸 통증 그 자체였다.

하지만 나는 저 말에 벌써 말려 버렸는지, 오랫동안 저 말이 사라지지 않았다. 오히려 무시하려고 해도 무시되지 않았고 웃어 버리면 될 일이라 생각해서 웃어도 봤지만, 도무지 버려지지 않았다. 이딴 거 그냥 개무시해 버리자고 마음을 먹어도, 그게 잘 안 되었다. 나는 왜 그랬을까? 하나님이 내게 나타나신 것도 아니고, 내게 직접 들려주신 것도 아닌데, 왜 나는 저 말 한마디를 떨쳐 버리지 못한 걸까?

나는 시간이 모든 것을 해결할 거라 생각했다. 버티고 모른 척하면 결국에는 다 옅어지고 흐려질 거라 믿으며…. 그리고 나는 이 '시간'이라는 게, 흐르면 흐를수록 내일을 유연하게 만들 뿐 아니라 더 불투명하게 만들어 버리는 힘이 있다고 믿어, 어떻게든 이 시간을 최대한 더 오래 끌어야 한다고 생각했다. 시간을 질질 끌며 살았다. 아무것도 하지 않으면 아무 일도 일어나지 않을 테고, 아무 일도 일어나지 않으면 아무 일도 없었던 것처럼 모든 것이 제자리로 돌아갈 테니….

그렇게 그날은 내게 멀지 않을 거라고 생각했다. 그런데 이때부터다. 쓰러진 나를 어떤 미친놈이 밀었는지 건물 안 계단에서 굴러떨어지지를 않나, 발작하고 깨어났는데 온몸에 발자국들이 가득하지를 않나…. 얼굴이 찢어지고 터지고, 또 어디 깨지는 건 일반이고, 화장실 똥간에 처박힌 채 깨어나고, 지하철 안에서건 지하도에서건 할 거 없이 쓰러지기 일쑤였다. 밖에서 쓰러지고 집에 도착하자마자 또 쓰러지고, 약을 먹어도 쓰러지고 잠을 푹 자고 좋은 걸 챙겨 먹어도 다 소용없었다. 그동안은 쓰러지면 아프고 괴롭고 또 외면당하고 거부당하니 정신적으로 고통스러웠는데, 이건 뭐 그 수준이 아니었다. 진짜 '이게 뭐지?' 싶었다.

나는 본능적으로 내게 일어나는 이 재수 없는 일들이 하나님과 관련되어 있다고 확신했다. 그냥 그렇게 느껴졌다. 물론 내 착각일 수도 있다. 그러나 여기서 나는 다른 것을 더 이상 찾을 수가 없었다. 솔직히 하나님이 하셨다는 증거도 없고 근거도 없었지만, 그건 내게 중요하지 않았다. 나는 하나님이 하셨다는 증거 또는 근거가 필요하지도 않았다. 이건 무조건 하나님이 하신 게 맞으니까.

그런데 한편으로는 내가 너무 하나님을 찍어 놓고 우기는 게 아닌가 싶어, 이건 우연일 수도 있지 않을까 생각해 봤다. 그렇지만 전반적이 흐름과 그 시기가 너무 맞아떨어지니, 우연이라는 걸로 이 상황을 무시해 버릴 수 없었다. 가장 자연스러운 우연이

가장 완벽한 우연을 만들어 낼 수 있다지만, 나는 이상하리만큼 하나님이 느껴졌다. 어쨌든 내게 일어난 일은 쉽게 말해, 내가 하나님 말을 안 들으니까 하나님이 나를 때리신 거다. 나는 이것 말고는 다른 그 어떤 결론도 내릴 수 없었다. 하나님 외에는 그 어떤 걸로도 내 오늘을 설명할 수가 없었다.

시간에 숨어서 최대한 버티려고 했는데… 망했다. 하지만 그렇다고 해서 가기 싫고 하기 싫은 그 길을 가겠다는 건 아니었다. 나는 이런 상황들이 곧 지나갈 거라고 생각했다. 상황이 잠잠해지든, 내가 쓰러지고 다시 깨어나지 못하든, 어떤 형태가 됐든 반드시 끝날 거라고 생각했다. 그러나 이 빌어먹을 그림은 계속됐고, 나는 항상 비참한 상황에서 눈을 떴다. 그리고 무엇보다 이게 언제까지 이어질지 모르니, 이 자체가 내게는 공포였다.

나는 부모님께 물었다. 신학교에 가야 한다는 저 말은 대체 어디서 어떻게 나온 건지를…. 그 얘기는 아주 오래전부터 들었고 오랫동안 많은 사람들에게 들었다고 하셨다. 나는 웃기지도 않는다면서, 그게 말이 되냐고 되물었다. 엄마도 내가 신학교를 가는 게 싫다고 하셨다. 그래서 오랫동안 들어 왔지만 오랜 기간 말하지 않았다고…. 하지만 말하지 않으면 안 되는 때가 왔기에 말할 수밖에 없었다고 하셨다. 나는 하나님이 내 약점과 아픔을 계속 건드리면서 나를 이렇게 압박해도 되는 거냐고 물었다. 그러자 엄마는, 하나님은 널 죽일 수도 있는 분이라고 하셨다.

나는 하나님께 "하나님의 이 위력은 누구를 위한 것이고 무엇을 위한 것입니까?"라고 물었다. "왜 내 갈 길을 내 약점으로 통제하시고, 내 앞길을 내 아픔으로 제어하시는 겁니까?"라고 물었다. 나는 "그간 살려 달라고, 고쳐 달라고 울부짖었는데, 이제는 내 아픔을 어찌 도구로 삼으실 수 있습니까?"라고 물었다. 하나님은 그런 내게 "모든 것이 다 내 것이고 모든 것을 다 할 수 있다"라고 하셨다.

그럼에도 나는 신학교에 가겠다는 마음을 먹지 않았다. 가기 싫고 하기 싫은 걸 어쩌라는 말인가! 나는 그곳에 가라는 말도 싫었고, 가야만 한다는 그 말도 싫었고, 가게 될 거라는 그 미친 운명적인 말도 싫었고, 신학도 싫었다. 물론 하나님이 싫거나 신학을 가르치고 배우는 사람들이 싫은 건 아니지만, 내가 그곳에 앉아 신학을 배우고 있는 그 그림 자체가 견딜 수 없을 정도로 싫었다. 지금 생각해 보면, 나는 왜 저렇게까지 싫어했을까 싶지만, 그때는 진짜 손발 다 묶여서 팔려 가는 듯한 느낌이었다.

또, 또 시작되었다. 내게 또다시 지랄 맞은 일들이 일어나기 시작했다. 멈추지 않는 고통이 또 시작됐고, 이 고통은 계속 지속될 거 같아 더 고통스러웠다. 고통이라는 그 자체도 고통인데 이 고통의 희미한 무한대, 즉 시간이 가지고 있는 그 끝이 없는 여백이 사람을 정말 미치게 했다.

그분이 시작하셨고 그분이 멈추셨다

결국 나는 살기 위해, 이 괴상한 덫에서 벗어나기 위해 신학교에 들어갔다. 입학 후 모두는 정신없이 3월을 보냈지만, 내게 3월은 그저 애처로운 달일 뿐이었다. 그리고 가장 빛난다던 4월과 5월은 내게 그저 초라한 달이 될 뿐이었다. 하지만 그 애처로움과 초라함을 넘어서는 기묘한 일이 내게 일어나기 시작했다. 살면서 한 번도 경험해 본 적 없는 무발작의 시간. 정신없고, 바쁘고, 허약하고, 지치고, 애처롭고, 초라한 하루들이 쌓여 가는데도 발작이 일어나지 않았다. 여름이 지나고, 또 겨울이 오는데도 말이다.

나는 살면서 처음 경험하는 이 무발작의 시간을 단번에 파악했다. 그것은 하나님이다. 그래, 하나님이 하신 거였다. 그러나 나는 이 사실이 기쁘지도, 감격스럽지도 않았다. 도리어 하나님께서 이 간질을 나를 제한하기 위한 도구로 사용하셨다는 확신이 사실로 증명된 것이기에 더 괴로울 뿐이다. 그동안 부르짖고 울부짖고 간절히 바라고 소망했던 그 모든 시간과 아픔들은 다 무엇인가? 대체 이곳이 무엇이고 이게 뭐라고 그 지랄 맞은 발작들이 다 사라졌단 말인가? 나는 하나님께, 이렇게까지 하시는 이유가 뭔지 물었고 이렇게까지 야비하고 치사해도 되는 거냐고 물었다. 한번이 아닌, 가는 길마다, 그것도 격렬하게, 아주 끝없이 물었다.

하나님은 그런 내게 또다시, 모든 것이 다 내 것이고 모든 것을 다 할 수 있다고 하셨다. 무발작의 전제는 나를 여전히 괴롭혔지만, 무발작의 지속성은 갈수록 날 놀라게 했다. 늦게 자도, 잠을 덜 자도, 피곤해도, 사람들이 많은 곳에 가도, 번쩍이는 빛을 세게 받아도 괜찮았다. 신학에 대한 거부감이 내 안에 가득 차 있었는데도 괜찮았다. 거기다 신학교를 선택한 나의 이 비자발적인 마음가짐은 하나님을 향한 끝날 줄 모르는 불신의 언어이자 탐욕의 몸짓이었음에도, 나는 쓰러지지 않았다. 무슨 마음을 먹든, 어떤 행동을 하든 이상하리만큼 괜찮았다.

이 어이없음을 어찌해야 할까? 어지럽다. 마음 한편에는 신학에 대한 혐오가 타오르고 있고, 또 한편에는 비자발적인 마음가짐이 두 눈을 부릅뜨고 있고, 또 다른 곳에는 무발작이 주는 이 낯선 신비감을 계속 누리고 싶어 하는 마음이 피어오르고 있고, 저 구석진 곳에서는 무발작이 주는 오묘한 희망과 점점 더 강렬해지는 내 욕구들이 모든 것을 삼켜 먹으려고 하고 있으니 말이다. 이곳은 엉망이고, 내 머릿속은 어지러워 창백해져만 갔다.

나는 내게 일어난 일들을 두고서 끊임없이 물었다. '하나님 말을 안 들어서 그분이 나를 때리신 거라고 말했는데, 이제는 쓰러지지 않으니까 나는 하나님 말씀을 들은 걸까? 만약 하나님의 말을 들어서 안 쓰러지고 괜찮은 거라면, 신학에 대한 내 여전한 거부감과 어쩔 수 없이 이곳을 선택한 내 비자발성은 어떻게 되는 걸까? 억지로 했더라도 결국 하긴 한 거니까, 마음가짐과 상관없이 나는 하나님의 말을 들은 거라고 볼 수 있는 건가? 그러면 그동안 쓰러진 건 뭘까? 그건 아무리 발악해도 어쩔 수 없는 운명 같은 건가?' 이렇게 나는 하나님께 이런저런 것들을 물었다. 그러나 내게 돌아오는 답은 아무것도 없었다. 나는 이 상황을 도저히 알 수도 없고 이해할 수도 없었다. 그 어떤 연관성도 찾을 수 없었고, 흐름도 잘 모르겠고, 이유와 원인도 못 찾겠고,

뭐가 어떻게 돌아가는지를 몰랐다. 하지만 분명한 건, 하나님이 재수 없는 그날들을 내게 시작하셨고, 하나님이 그날들을 멈추셨다는 것! 그리고 하나님은 여전히 분노하고 있는 내게 신비로운 날들을 허락하셨다는 것이다. 그것도 반짝이는 별이 아닌 지속되는 별로….

다시 빌어먹을 증상이 시작됐다

내게 신학은 관심 밖이었다. 그리고 이곳에서 할 수 있는 건 또 다른 형태의 버티기일 뿐이니, 내가 이곳에 있는 게 무슨 의미가 있나 싶었다. 할 수 있는 것도 없고 하고 싶은 것도 딱히 없으니 더욱 그러했다. 이때쯤 나를 뒤바꾼 일이 하나 터졌다. 길을 걷는데 느닷없이 증상이 시작됐다. 빌어먹을…. 1년간 단 한 번도 쓰러지지 않아서인지, 나는 허둥지둥 어쩔 줄 몰라 했다. 기억이 빠르게 사라져 가니 어디로든 몸을 숨겨야 했다. 그러나 갈 데가 없었다. 그러다 문득, 교회가 떠올랐다. 교회까지 갈 수 있을지 모르겠지만, 그래도 거기밖에는 없다는 생각에 계속 그리로 갔다. 걸어가는 동안 얼마나 무섭고 좆같고 서글프던지, 기억은 날아가고 감정은 따로따로 놀고 정말 난리도 아니었다. 교회에 도착한 나는, 바로 화장실에 들어가 변기와 벽 사이에 몸을 구겨 넣고 앉아서 발작을 기다렸다. 그런데 그때 불현듯, 담임 목사님이 계신 사무실 앞으로 가야겠다는 생각이 들어서 바로 일어났다. 담임 목사님께는 죄송했지만, '담임 목사님이 계신 그 사무실 앞에서 쓰러지면 적어도 나를 발로 밟지는 않겠지'라는 생각이 들었기 때문이었다. 사무실 앞에 도착한 나는 문 앞 모퉁이에 자리를 잡았다.

바로 그때다. 모든 기억, 심지어 내 이름까지 잃어버린 그 순간, 나는 갑자기 예수님의 이름을 부르기 시작했다.

"예수님의 이름으로 나를 살리소서! 예수님의 이름으로 나를 살리소서! 예수님의 이름으로 나를 살리소서!"

나는 내가 누구인지 모를 뿐 아니라 내가 무엇인지 모르는 상황인데도 "예수님의 이름으로 살리소서"를 계속 말했다. 그리고 신기한 건, 그 말이 계속 내게 들렸다는 것이다. 그런데 이것보다 더 신기한 건, 나는 그 어떤 것도 기억나지 않고 아무것도 모르겠고 무엇도 느낄 수 없는 상황이었음에도 "예수님의 이름으로 살리소서"가 무슨 의미인지를 정확하게 이해하고 있었다는 것이다. 나는 단 하나, "예수님의 이름으로 살리소서"라고 하는 말만 들렸고, 이 말만 이해됐다. 예전 같으면 허겁지겁 하나님을 찾으며 살려 달라고, 구해 달라고 기도하다가, 더 심해지면 집 주소며 가족 이름이며 내 이름까지 외우다가 쓰러졌는데…. 생각할수록 놀랍다.

더욱 놀랄 일은 지금부터다. 어느 순간부터 갑자기 모든 것이 빠르게 기억나기 시작하는데, 내가 무엇인지 떠올랐고, 내가 누구인지 생각났고, 내 이름이 기억났다. 이게 대체 어떻게 된 일인가, 지금 내겐 무슨 일이 일어나고 있는 건가. 나는 이 순간이 너무 신기하고 놀랍고 기쁘고 감격스러웠지만 동시에 너무 어이없고 뭔가 두렵고 무섭기까지 했다. 나는 그간 병이 낫는 그 기적의 날을 여러 모습으로 그려봤지만, 이런 상황은 한 번도 생각해본 적이 없는 그림이라 그저 당혹감만 가득할 뿐이다.

계속 기억들이 돌아오고 떠올랐다. 집 주소와 가족들의 이름 그리고 지금 이곳이 어딘지, 내가 여기에 왜 이렇게 앉아 있고 여기에 어떻게 오게 됐는지가 선명하게 다 떠올랐다. 그 상황에서 느낄 수 있는 모든 감정이 정확하게 다 느껴졌고 이후 어떤 행동을 해야 하는지도 분명하게 생각났다. 그리고 좁아졌던 시야가 열리기 시작하는데, 두근거림과 멍함, 불안들은 다 사라지고 뻣뻣했던 몸은 꼿꼿하게 세워졌다.

나는 이 알 수 없는 기적 앞에서, 분명한 신비로움 앞에서, 간질의 후퇴와 불가능함의 그 굴복 앞에서, 그저 어린아이처럼 감탄만 내뱉었다. 나는 희망에 취하지 말고 현실을 직시하라는 말을 들을 때마다, 희망에 취한 것이 아니라 희망의 날에 가까이 가고 있을 뿐이라고 내 자신을 위로했었다. 그렇지만 더 큰 기적이 내게 찾아왔다. 이걸 희망의 날과 비교할 수 있겠나.

하나님이 하셨다. 하나님이 다 하신 거였다. 전조 증상의 시간이 길었던 것도, 교회에 가야겠다는 생각이 든 것도, 교회에 무사히 도착하게 된 것도, 담임 목사님이 계신 사무실 앞으로 가야겠다는 생각이 든 것도, 예수님의 이름으로 기도하게 된 것도, 예수님의 이름으로 기도하는 것이 계속 들리고 정확하게 이해된 것도, 평안한 혼란을 겪게 된 것도, 내 몸에서 일어나는 하나님의 창조를 내 두 눈으로 보게 된 것도, 다 하나님이 하신 거였다. 이 기쁨을 무엇으로 표현할 수 있을까? 과연 이 마음을 표현할 길이 있을까? 나는 이 기쁨과 감격을 주체할 수 없었다. 그리고 이 감정들은 내 안에서 유쾌한 무질서였다.

다 알 수 없는 은혜

그러나 이상한 점이 하나 있었다. 생각해 보면 1년의 무발작 시간이라는 것도 매우 놀라운 하나님의 기적이요, 발작을 거르는 이 사건도 하나님의 기적이 아닌가. 그런데 나는 1년의 무발작 시간에 대해서는 하나도 기쁘지도 감격스럽지도 않아 했으면서 발작을 거르는 이 사건에 대해서는 왜 이렇게까지 기뻐하는 걸까? 특히 무발작의 시간을 보낼 때, 나는 하나님께 발작의 연관성 따져 보고, 인과관계를 찾아보고, 과거 발작을 운운하면서 기도했던 시간들을 다 소환해 가며 억울해했다. 그런데 왜 나는 같은 하나님의 개입이자 기적에 이렇게까지 다른 모습을 보이는 건지, 이런 내가 이해되지 않았다. 혹시 이번이 더 극적이어서 그런 건가 싶었는데, 그것도 아니다. 따져 보면 1년의 무발작, 즉 무증상이 더 놀라운 일이니 말이다.

설명할 수 없는 이 일을 설명할 수 없음으로 둬야 한다는 것이 왠지 모르게 답답했다. 그래서인지 나는 끝까지 찾아보려고 했다. 그렇지만 나는, 확고한 그 무엇인가를 찾을 수 없었다. 오히려 찾으면 찾을수록 찾아지는 것은 딱 하나였다. 바로 '하나님의 거부'. 하나님은 내게 거부하심으로써 일하셨다. 내 모든 거부를 다 거부하셨고, 그것도 날 때려가면서까지 거부하셨다. 숨으면 끄집어내서 때리셨고, 버티면 버틸 수 없을 때까지 때리셨고, 도망치면 끝까지 따라와 날 때리셨다. 그 신학교가 대체 뭐라고, 나를 이렇게까지 몰아세우는 건지…. 그러나 신학교에 들어간 후 간질은 멈췄다. 하나님께 순종한 게 아니었다. 아득바득 버티고 거부하다가 맞고 나서야 신학교에 간 건데, 내게 일어난 이 요상한 기적을 어떻게 이해해야 할지를 전혀 알지 못했다. 일반적으로 보면 말을 잘 듣고 잘해 내는 사람이 상이 됐든 칭찬이 됐든 뭐라도 받지 않는가. 하지만 나는 머리끄덩이 잡혀 끌려가고 억지로 하고 어쩔 수 없이 했는데도, 간질이 아무렇지 않게 사라져 버렸으니…. 혹시 엎드려 절받기 식이어도 결국 말을 듣긴 들었으니 순종이라고 할 수 있는 것인가? 그래서 기적이 일어난 건가? 모르겠다. 이것도 아닌 것 같다.

나는 내게 일어난 이 기적의 이유나 원인을 모른다. 오직 하나님께서 다 하셨다는 그 사실 외에는 그 어떤 답도 찾을 수 없었다. 그러나 아니었다. 하나님은 "네게 일어난 그 기적은 이유도 원인도 알 수 없는 설명 불가의 기적이 아니란다. 이유와 원인이 분명한 설명 가능한 '은혜'란다"라고 하시면서, 거부는 하나님의 은혜요 나를 때리신 것도 하나님의 은혜라고 하셨다.

순간, 얼마나 벙찌고 또 시원하던지…. 이 시원함을 뭐라고 설명할 수 없었는데, 그 설명할 수 없는 상쾌함이 나는 왠지 좋았다. 하나님이 때리신 걸 어떻게 은혜라 말할까 싶은데, 어릴 적 시골에서 염소를 치던 할아버지를 생각하면 은혜라 할 수 있겠다. 할아버지는 산에 풀어놓은 염소를 우리에 다시 집어넣기 위해 염소들에게 겁을 주기도 하고 막대기로 몸통을 때리기도 했다. 우리에 들어가지 않으면 어디 가서 죽을 수도 있으니 말이다. 그런 의미에서, 나도 염소 같은 게 아닐까 생각이 든다.

이뿐 아니다. 엄마한테 몸이 날아갈 정도로 뚜드려맞은 적이 있다. 지금은 그때 왜 맞았는지 기억나지 않지만, 그 모진 매질은 나를 지키고 보호하기 위함이었다. 이처럼 할아버지의 막대기와 엄마의 회초리가 사랑이고 은혜이듯, 하나님의 매도 사랑이고 은혜라 할 수 있겠다 싶다.

너는 사람이 그 아들을 징계함같이 네 하나님 여호와께서 너를 징계하시는 줄 마음에 생각하고(신 8:5)

그런데 나는 하나님의 거부와 회초리가 사랑이고 은혜라는 생각을 하면서도, 한편으로는 꼭 거부와 매를 들어야 했을까 하는 의문이 들었다. 그렇게 하지 않으셔도 하나님은 충분히 하나님의 뜻을 이루시고 세우실 수 있는 분이지 않은가. 하지만 나는 이것도 잘 모르겠다. 왜 나에게 그렇게 하셨는지도 모르겠고, 하나님의 일하심이 왜 꼭 그때여야만 했는지도 모르겠다. 모르겠다고만 말해서 나조차도 난감한데, 아무리 생각해도 모르겠는 걸 어쩌겠나. 그래도 분명한 건 은혜로 나를 구하셨고, 은혜로 나를 지키셨고, 은혜로 내게 선을 행하셨다는 것에는 변함이 없다.

하나님을 다 알 수 없지만, 하나님은 내가 알 수 있게 행동하셨다. 하나님을 볼 수 없지만, 하나님은 내가 볼 수 있게 직접 임하셨다. 이것이 내가 찾은 유일한 사실이자 진리이고, 진실이다.

오늘도 일하시는 분

이 기간에 흥미로운 일이 하나 더 있다. 무발작 그리고 무증상의 1년과 발작을 거르는 그 신비의 사건이 있었지만, 검사를 하면 나는 여전히 이상 소견이 나타났다. 정말 신기하지 않은가. 발작 유발 요소는 여전히 존재하는데, 증상이 없다니….

간질이 멈추었을 뿐 아니라 정지되었다는 것이 얼마나 기쁜지 몰랐다. 그러나 불안한 마음은 여전했다. 검사는 '이상 있음'으로 나오고, 삶은 '이상 없음'으로 살아가니 불안하지 않을 수 있겠나. 그래도 기뻤다. 간질이 멈춰서 기쁜 것도 있지만, 무엇보다 하나님이 내 삶에 직접 개입하시고 주목하고 계심이 기뻤다. 그래서 불안한데도 생각보다 크게 불안하지 않았다.

하나님께서 내게 그러하셨듯이, 그분은 당신의 모든 계획과 방향을 다 거부하실 수도 있다. 심지어 당신을 때리실 수도 있다.

징계는 다 받는 것이거늘 너희에게 없으면 사생자요 친아들이 아니니라(히 12:8)

아니면 내게 하신 것과는 반대로, 당신의 모든 것을 받아 주시고 모든 길을 열어 주실 수도 있다. 여기서 중요한 점은, 하나님의 일하시는 방식이 아닌 하나님의 일하심이다. 하나님은 당신을 위해 꾸준히 일하신다. 지금까지 일하셨으며, 지금도 행하고 계시며, 앞으로도 그 일하심에는 변함이 없다. 다만, 어떻게 일하실는지는 하나님 마음이자 뜻이다. 하나님의 그 일하심이 당신에게 괴로움일 수도 있고, 원만함일 수도 있고, 꽃길일 수도 있고, 가시밭길일 수도 있겠지만, 하나님의 결국은 당신을 살리심에 있다.

나는 거부와 회초리를 겪었지만 기적과 기쁨을 얻었다. 그렇지만 기적과 기쁨은 지속되지 않았다. 삶이 원래 그런 거 아니겠는가. 아픔은 지나간다. 그러나 또 다른 아픔이 온다. 웃음도 지나간다. 하지만 또 다른 웃음이 온다.

이런 세상에서 나와 당신이 해야 하는 건 하나다. 내 시선의 끝을 보지 말고, 하나님께서 보시는 시선을 끝까지 믿자. 믿는데 자꾸 의심되면, 의심하면서 믿자. 믿는데 또 원망이 들면 원망하면서 믿자. 믿는데 오늘도 실망하게 되면, 내일도 실망하면서 믿자. 이것이 우리가 이 세상에서 마지막까지 해야 할 일이다.

하나님께서 내게 선을 행하셨듯이, 당신도 살리시고 고치실 것이다. 언제, 어떻게 하실는지는 모르지만, 하나님은 반드시 행하실 것이다. 하나님의 '살아 계심'은 다른 말로 '오늘도 일하심'이니, 반드시 보게 될 것이다.

17 기도의 마침표

패배하는 기도

가끔 나는 어둠이 어둠과 충돌하고 그늘이 길을 잃어버리는 그런 새카만 어둠 속에서 깨어나곤 했다. 그러면, 그곳에서 내가 할 수 있는 거라고는 손으로 땅을 짚고 어둠 안으로 손을 뻗어 보는 것뿐이었다. 뻗은 손가락이 운이 좋아 벽에라도 닿으면, 그 벽을 타고 움직이면 되었다. 그러나 아무리 휘적거려도 아무것도 닿지 않으면, 상상하기 싫은 그 온갖 공포들이 손가락을 타고 내게 들어오기 시작했다. 하지만 이 어둠과 공포는 언제나 그랬듯 그리 오래가지 않았다. 땅을 짚고 가든 벽을 타고 가든 결국 시간문제지, 내 끝에는 언제나 빛이 있었다.

그러나 내게는 아직 해결되지 않은 어둠이 하나 더 있다. 그건 매일 하고 있는 내 기도다. 어둠 속에서 깨어나면 이리저리 움직여서라도 결국 빛을 발견하고 마는데, 이놈의 기도는 아무리 걸어가고 뛰어가도 그 작은 불빛조차 안 보이니 죽을 맛이었다. 아무리 기도해도 어둠 속이고, 하면 할수록 더 어둠 속에 갇히는 것 같고, 손을 뻗어도 아무것도 닿지 않고, 부르짖어도 내 부르짖음만 들리니 말이다. 언제까지 이럴까? 새벽의 짙은 어둠은 어쩔 수 없이 아침에게 자리를 내줘야 하는데, 이 어둠은 대체 언제까지 이럴 셈이란 말인가. 그럴 때 나는, 기도는 하나님 백성들만의 특권이고 나발이고 그냥 아무것도 하기 싫었다.

똑같은 기도 제목을 1년 정도 하는 게 아닌, 10년 또는 20년, 혹은 그 이상을 해 본 사람들은 알 거다. 매일 같은 기도를 꾸준히 하는 게 얼마나 지치고 괴로운 일인지를…. 간혹 누구는 '이렇게라도 기도할 수 있음이 진정한 기적이며 참기쁨이지 않은가'라고 말하는데, 나는 아직 그렇지 못하다. 솔직히 저 말이 너무 공감되긴 하지만, 막상 내 현실에서 다시 그 길을 걷다 보면, 나는 기도할 수 있음을 기적과 기쁨으로 여기기보다는 기적과 기쁨이 없는 기도의 시간에 더 큰 의문을 두곤 한다. 아무튼, 매일 같은 기도를 드리지만, 매일 같은 상황이 반복되고 또 그 반복되는 주기가 길어지는 이 사라지지 않는 어둠은 내게 깨어지지 않는 악몽이다.

기도의 가공할 그 힘은 역사적으로 파악해 볼 것도 없이 내 주변에서 지속적으로 일어나고 있기에, 증명할 필요도 없고, 확인해 볼 필요도 없다. 그런데 그 강력함이 왜 하필 내게는 잘 나타나지 않는 걸까? 이 어둠에 길을 내는 그 빛이 반드시 내게도 나타날 텐데, 왜 내게는 아직인지 모르겠다. 내가 찾는 그 빛이 내 노력으로 찾을 수 있는 빛이라면 이미 찾았을 것이다. 그러나 이 빛은 내가 찾아낼 수 있는 그런 빛이 아니라서 더 괴롭다. 이 빛은 내가 찾거나 발견하는 게 아닌 나에게 '주어지는 빛'이고 '나타나는 빛'이기 때문이다. 그러면 왜 내게는 주어지지 않고 나타나지 않을까? 하나님만이 아실 거다.

나는 기도 응답을 받은 사람들을 보며 나와 다른 것이 무엇이 있을까 이것저것 재 봤다. 하지만 내 현실에는 아무 도움이 되지 않았다. 오히려 비교하면 비교할수록 나와 크게 다르지 않아 더 허무할 뿐이다. 하나님은 주사위처럼 확률로 일하시는 분도 아니고 무작위성으로 일하시는 분도 아니다. 하나님은 보시고 들으시며 이해하시고 판결하시는 분이시다. 그러니 나에 관해서는 하나님만이 아실 것이다. 이 말 외에는 내게 일어나는 이 이해할 수 없는 어둠에 대해 할 말이 없다. 그저 나는 하나님만을 더 바라야 했다. 그러나 이게 말처럼 잘 안 된다. 하나님만을 바라지만, 어둠이 끝없이 길어지면 나는 어느새 어둠에 자연스레 기대어 있고, 하나님만을 붙잡지만 고통의 시간이 지속되면 차라리 고통이 날 죽여 줬으면 하는 마음이 내 안에 가득하니 말이다.

응답이 없어도 지겹게 기도했다

따지고 보면 어둠 속에서 보이지 않는 그 빛을 보며, 고통 안에서 고통 없는 내일을 본다는 게 보통 일이 아니다. 하지만 보통 일이든 보통 일이 아니든, 잘 안되든 잘되든, 나는 다른 걸 할 수도 없다. 그리고 내게는 다른 길도 없다. 어쨌든 하나님만이 다 아실 테니, 나는 죽이 되든 밥이 되든 하나님께 붙어 있어야 한다.

하나님께 붙어 있어야 한다는 이 마음 때문인지는 모르겠다. 나는 기도의 터널 속에 있었지만, 이 터널의 끝이 막혀 있거나 절벽이라는 생각을 해 본 적이 없다. 오히려 막혀 있으면 뚫게 될 것이고, 절벽이면 날게 될 것이라는 근거 없는 믿음이 내 안에 있다. 물론 이 믿음은 맥락 없고 막연한 무한 긍정 같은 거였지만, 그래도 나는 이것을 하나님께서 주셨다고 생각해 왔다. 그래서인가? 이것 때문에 나는 지속해서 패배하는 기도를 할 수 있었다. 절망의 기도, 좌절의 부르짖음, 무기력한 울부짖음을 계속해서 할 수 있었다. 그런데 이 패배하는 기도를 하면 할수록 나는 왠지 모를 편안함을 느꼈다. 심지어 절망이 쌓여 가고, 좌절과 무기력함이 그 위에 포개져도, 이 이상한 편안함은 사라지지 않았다. 사람들이 패배하는 기도를 자랑할 리 없으니, 나는 누구와도 비교할 필요가 없고 비교할 수가 없어서 그런 걸까? 어느 순간부터 나는 이 어둠 안에서 빛을 찾을 수도 있겠다는 생각을 하게 됐다.

기도의 강도가 커지면 내 낙담의 크기도 덩달아 커져 갔다. 그러나 무한 긍정 같은 이 이상하고 신비한 믿음이 내 부정의 감정을 역으로 이용해 나를 기도할 수 있게 했다. 특히 불확실성을 가진 기도를 쉬지 않고 할 수 있게 했고, 볼품없는 기도를 광장에서 할 수 있게 했고, 응답 없는 이 지긋지긋한 기도를 응답이 없어도 지겹게 할 수 있게 했다.

나는 기도의 암흑 속에서도 실망의 기도를 계속할 수 있음이, 하나님께서 주신 믿음 때문이라고 확신했다. 그렇지 않고서는 어떻게 내가 이런 기도, 즉 실망을 마시고 실망으로 살아가는 걸 계속할 수 있겠는가.

신기하다고 해야 할까? 나는 이 기묘한 기도를 꽤 오랜 시간 동안 했다. 긍정은 없지만 부정을 향하지 않고, 만족은 없지만 비굴하지 않고, 흡족함은 없지만 시기하지 않고, 행복감은 없지만 증오하지 않는 그런 기도를…. 나는 현실에서는 그 누구보다 반감과 적대감으로 살아가는데, 그런 내가 이런 기도를 하고 있으니 신기할 수밖에 없다. 이와 같은 기도를 계속했다. 계속하게 됐고, 또 어김없이 할 수 있었다. 무응답이라는 그 어둠 속에서도 나는 또, 나는 다시, 나는 계속….

이때쯤이었다. 여느 날처럼 기도하는데 갑자기 앞뒤도 없이 감사가 터져 나와 매우 당황스러웠다. 내 죄를 용서하시고, 모든 죽음을 해결하시고, 나를 구원하셨다는 그 오래된 감격이 내 안에서 미쳐 날뛰기 시작했다. 나는 이 이유 없는 흥분이 당황스러웠지만, 이 상태를 멈추거나 끝낼 수가 없었다. 분명 내 안에서 일어나는 내 일인데도 말이다. 오래전에 처음으로 느꼈던 복음에 대한 감격이 틀린 것도 아니고, 기쁨이 사라졌다가 다시 나타난 것도 아니고, 감동을 잊어버린 채 살았던 것도 아닌데, 마치 이 모든 것을 처음 맛보고 듣고 본 것처럼 행복감과 충족감이 토하듯이 터져 나왔다.

나는 이미 죄를 용서하시는 하나님과 모든 죽음을 끝장내신 하나님, 그리고 모든 사람을 구원하시는 하나님을 믿고 알고 있는데, 내 안의 설명할 수 없는 이 충만은 대체 무슨 일이란 말인가. 이상했다. 새로운 건 하나도 없는데, 모든 것이 새로웠다. 놀랄 일이 전혀 아닌데, 모든 것이 놀라웠다. 나를 가슴 벅차게 했던 그 복음이 이제는 나를 더 숨 막히게 하고 있다.

이 감격은 내 믿음을 파괴하는 믿음이었고, 이 주체할 수 없는 행복감은 내 앎을 마비시키는 사랑 그 자체였다. 나는 살면서 한 번도 하지 않았던 기도를 내뱉기 시작했다.

"하나님, 간질 고쳐 주지 않으셔도 됩니다. 이거 회복시켜 주지 않으셔도 됩니다. 그냥 두셔도 됩니다."

감당할 수 없는 내 감정은 최고치였지만 하나님을 향한 나의 이 낯선 고백은 매우 진지했고 차가웠고 차분했다. 나는 하나님이 나를 고쳐 주실 수도 있고 고쳐 주지 않을 수도 있다고 고백했다. 그리고 이 모든 것은 하나님의 영역이고 하나님께서 기뻐하시는 대로 행하실 것이라고 선포했다. 특히 고치실 수 있는 하나님을 찬양할 뿐 아니라 고치시지 않는 그 하나님을 마지막까지 경배하겠다고, 아니 하나님은 경배받으실 수밖에 없는 유일신이시니 내가 재가 되어도 그 재가 하나님을 경배할 것이라고, 재가 공중에 흩날리면 바람 안에서 기쁨을 피워 올릴 것이며, 재가 바다 위에 흩뿌려지면 파도 위마다 환희 꽃으로 뿌리내릴 것이고, 재가 땅에 떨어지면 다른 재들과 함께 하나님의 호흡을 찬양할 것이라고 고백했다.

나도 내가 왜 그랬는지 모른다. 나는 내가 미친것만 같았다. 구원의 감격이 얼마나 놀랍고 큰지, 그것 말고는 아무것도 보이지 않았고 느껴지지 않았다. 나는 계속해서 그저 감사합니다만 연신 고백했다. 그 순간, 내가 얼마나 큰 죄인인지가 느껴지기 시작하는데, 하나님의 자녀라는 그 칭함을 받는 것도 너무 죄스러워 천국 문을 지키는 개만 돼도 충분하다고 기도했다. 자녀라고 칭해 주심이 너무 부끄러우니 천국 문 앞에 서 있는 충견이 되겠다고 얼마나 울부짖었는지 모른다.

나는 하나님께서 나를 용서하심이, 나를 구해 주심이, 나를 품어 주심과 구원해 주심이 너무 크고 감당이 안 돼 미칠 것 같았다. 용서하심, 구해 주심, 품어 주심과 구원하심, 겉으로 보면 화려할 것 없고 어디서나 들을 수 있는 평범한 단어들인데, 이게 얼마나 나를 미치게 하던지…. 용서해 주심은 내 모든 속살을 시원하게 불태워 버리는 따뜻한 화려함이었고, 구해 주심과 구원해 주심은 모든 것의 의미를 초월하며 포괄하는 극치의 호화스러움이었고, 품어 주심은 어떻다고 설명할 수도 없고 누군가를 이해시킬 수도 없는 경험해 본 자만 아는 그런 영역이었다. 이건 나도 뭐라 표현해야 할지 모르겠다. 환상이라는 걸로도 표현할 수 없고, 세상에 있는 모든 단어를 총출동하고 모든 감정과 생각과 마음을 총동원해도 이 느낌을 표현할 수 없다. 어떤 황홀함을 느꼈든 무아지경이 됐든 간에, 이건 느껴 보지 않으면 모른다. 황홀이라는 단어도 이 앞에서는 초라하고, 찬란이건 눈부시건 사치건 화사건 할 것 없이 다 이 앞에서는 똥이다.

터져 나오는 하나의 기도

어쨌든 내게 일어나는 하나님의 일하심을 막을 자는 아무도 없었다. 오직 하나님 외에는…. 그리고 그동안 날 가둔 어둠이, 끝없이 펼쳐지며 피어나는 이 어둠이, 무응답의 상징이었던 그 어둠이 내 앞에서 드러나기 시작했다. 그건 벗어나야 할 흑암이 아닌 하나님 그 자체였다. 나를 가둔 어둠의 실체는 도망쳐야 할 암흑이 아닌 나를 품은 하나님이셨다. 나를 덮고, 막고, 묶어 버린 그 어둠들은 절망이 아니라 나와 함께하시는 하나님의 포옹이자, 환대이며, 살피심이었다. 무응답의 어둠도 하나님이시고, 외면의 어둠도 하나님이시고, 무시와 거부의 어둠도 하나님이셨다. 현실에서의 어둠은 벗어나야 할 어둠이었지만, 기도의 어둠은 보이지 않는 하나님의 그림자였다.

나는 구원의 경이로움과 어둠 속 하나님의 그 화려함 앞에서 아무것도 할 수 없었다. 터져 나오는 내 기도를 내 귀로 듣는 거 외에는 아무것도 그 앞에서 할 수 있는 게 없었다.

그간 내 기도의 핵심은 간질을 고쳐 달라는 것뿐이었다. 그러나 그 순간만큼은 아니었다. 내 입에서 터져 나오는 기도는 딱 하나, 구원이었다. 하나님을 아빠라 부를 수 있는 그 구원을[12], 사망이 없고 슬픔이 없고 아픔이 없는 그 천국에 들어갈 수 있는 구원을[13], 지옥문을 박차고 나올 수 있는 그 흥겨운 구원과[14], 마

---

[12] 너희는 다시 무서워하는 종의 영을 받지 아니하고 양자의 영을 받았으므로 우리가 아빠 아버지라고 부르짖느니라(롬 8:15)

[13] 모든 눈물을 그 눈에서 닦아 주시니 다시는 사망이 없고 애통하는 것이나 곡하는 것이나 아픈 것이 다시 있지 아니하리니 처음 것들이 다 지나갔음이러라(계 21:4)

[14] 너희는 마음에 근심하지 말라 하나님을 믿으니 또 나를 믿으라. 내 아버지 집에 거할 곳이 많도다 그렇지 않으면 너희에게 일렀으리라 내가 너희를 위하여 거처를 예비하러 가노니, 가서 너희를 위하여 거처를 예비하면 내가 다시 와서 너희를 내게로 영접하여 나 있는 곳에 너희도 있게 하리라(요 14:1–3)

귀에게 파멸을 선물하는 그 찬란한 구원을[15], 모두에게 내려 주시고 넘치도록 부어 달라고 기도했다.

간질을 앓는 자들이든, 간질에서 고침받은 자들이든, 건강한 자든, 병자든, 부유한 자든, 가난한 자든, 지혜롭든, 무식하든 간에, 그들이 지금 지옥에서 살고 있다면 그들에게 구원을 내려 달라고 계속해서 부르짖었다. 지금 어디에 있든 뭘 하고 있든 상관없이 그들에게 찾아가셔서 그들을 구원해 달라고 울부짖었다. 창조주를 잊고 구원자를 버린 그 교만함에서 구원해 주시고, 하나님을 등지고 떠난 창조 파괴의 오만함을 용서해 주시며, 영원한 죽음으로부터 해방시켜 달라고 말이다.

그날 이후, 나는 다시 여느 날처럼 간질을 고쳐 달라고 기도했고 그 기도는 계속됐다. 그날 받았던 기도도 지금까지 변함이 없다. 당신은 구원받아야 한다. 당신이 간질로 지옥 같은 어제를 보냈고 오늘은 어제보다 더한 지옥이라도 말이다. 무엇보다 영원한 멸망으로부터 구원받아야 한다. 물론 영원한 멸망으로부터 우리를 구원하시는 분이 왜 지금 터지고 있는 침몰에 대해서는 침묵

---

15 하나님이 세상을 이처럼 사랑하사 독생자를 주셨으니 이는 그를 믿는 자마다 멸망하지 않고 영생을 얻게 하려 하심이라(요 3:16)

하시는가 생각할 수 있겠지만, 답은 나도 모르고 누구라도 그 답을 알고 있지 못할 것이다. 무책임하게 들리겠지만, 이 또한 하나님만이 아신다. 우리는 우리를 향한 하나님의 말씀을 믿어야 할 뿐이다.

여호와의 말씀이니라 너희를 향한 나의 생각을 내가 아나니 평안이요 재앙이 아니니라 너희에게 미래와 희망을 주는 것이니라(렘 29:11)

하나님은 간질을 고쳐 주실 수도 있고 고쳐 주지 않을 수도 있다. 그렇지만 하나님은 모든 사람을 구원하시기 위해 예수를 이 땅에 보내셨고 당신에게도 보내 주셨다. 예수의 이름만 부르면 누구든 구원을 받는다, 설령 간질로 고통당해 비참하고, 간질로 죽어 가서 기구하며, 간질로 죽어 참담할지라도, 예수의 이름을 부르는 자는 하나님과 다시 살고, 하나님 안에서 참위로와 사랑을 받는다. 하나님 곁에서 희망을 꿈꾸지 않아도 된다.

자, 함께 그 이름을 불러보자. 예수, 예수를!

18 '왜'의 완성

난데없이 목이 꺾였다

그날은 어이가 없어도 너무 없는 그런 날이었다.

"으악!"

난데없이 내 목이 옆으로 확 꺾여졌다. 그것도 점점 꺾여지는 것이 아닌, 누가 내 목을 뒤에서 빠르게 꺾은 것처럼 확! '왜 이러지?' 혹은 '이게 뭐지?' 하는 생각조차 할 수 없을 정도로 순식간에 일이 벌어졌다. 그때부터 얼마나 고통스럽던지, 침이 꼴딱꼴딱 넘어 갈 때마다 누가 목구멍을 칼로 직직 긁는 느낌이었다. 그리고 아주 빠르게 찢어지는 느낌과 찌르는 느낌, 쪼여지면서 터질 것 같은 그 설명할 수 없는 통증들이 목 주변과 어깨 그리고 머리 쪽으로 쫙 이어졌다. 난생처음 겪는 고통에 소리가 절로 터져 나왔는데, 순간 상상할 수 없는 고통이 목구멍을 휘감아 버렸다. 조금이라도 아주 조금이라도 소리를 내면 통증은 말할 수 없이 더 커졌다.

목은 괴상하게 꺾이고, 소리는 못 지르고, 몸은 아등바등하니, 엄마와 집에 오신 손님들이 나를 보며 웃기 시작했다. 나 같아도 웃었을 것이다. 느닷없이 목이 꺾여 이러지도 저러지도 못하니 얼마나 웃겼겠나. 하지만 내 고통은 웃어넘길 일이 아니었다.

근처 병원에 도착했다. 하지만 뭐가 그렇게 물어볼 게 많은지, 나는 대답 대신 뭐라도 일단 해 달라고 몸부림쳤다. 주사를 놓고 이것저것 검사를 시작했는데, 시간이 지나도 이놈의 빌어먹을 통증은 그대로였다. 시간차를 두고서 다른 주사를 놓고, 또 다른 주사를 맞았는데도, 전혀 나아지지 않았다.

그때, 대학병원을 가야 할 것 같다면서 의사가 응급차를 불렀다. 나를 보는 구조대원들의 그 당황스러운 눈빛과 마음이 지금도 생생히 기억나고 느껴진다. 나는 아파 죽겠다고 난리를 쳤지만, 그들의 반응 속도에 여유가 생겼으니 말이다. 내가 겪는 이 고통을 여기 있는 모두가 느낄 수 있었다면 이들이 이렇게 행동하진 않을 텐데, 내 고통과 느낌을 공유할 수 없음이 너무 괴로웠다.

나는 의식이 없는 게 얼마나 무서운 일인지 잘 안다. 하지만 '차라리 의식이 없는 상태가 더 낫지 않을까?' 하는 생각까지 했다. 여하튼, 응급차는 서울에 있는 가장 큰 병원을 향해서 갔고, 바로 처치가 시작됐다. 하지만 응급차가 소리를 왱왱 내면서 들어간 것 치고는 내가 두 발로 멀쩡하게 내리니 그곳에 있는 의료진도 당황스러워했다. 그들은 최대한 그렇지 않은 모습을 보이려 했지만, 이미 손발에서 다 느껴졌다. 나는 내 고통을 몸짓과 가슴에서 울려 나오는 신음으로밖에 표현할 수 없음이 너무 짜증났다.

응급차를 타고 왔지만 전혀 응급으로 보이지 않으니, 처치가 자꾸만 뒤로 미뤄졌다. 점심부터 시작해서 저녁까지 이게 웬 개고생인지! 나는 꺾인 목을 잡은 채 하나님께 고쳐 달라고 기도하면서도, 마음 한편으로는 쌍욕이 절로 터져 나왔다.

옮겨 간 대학병원에서도 검사를 했고 주사를 맞았다. 하지만 어떤 주사를 맞아도 내게는 아무 소용이 없었다. 의사는 검사 결과 아무 이상이 없다면서 잠시 기다려 보라는데, 정말 대 환장쇼다.

밤이 깊어지니 응급실에 환자들이 밀려 들어왔다. 당장 다른 곳으로 갈 수 없는 환자들은 복도에서 기다리고, 이곳도 난리가 아니다. 피 흘리면서 들어오는 건 다반사고, 업혀 오고 소리 지르면서 들어오고 들려 오는데, 나는 목만 꺾인 채 앉아 있으니 있으면 안 되는 곳에 있는 것만 같았다.

이해되지 않는 물음투성이

늦은 시간 아빠가 왔다. 괜찮냐면서 몇 시부터 그랬냐고 물어보는데, 나는 아무 대답도 할 수 없었다. 아빠는 의료진들과 얘기를 나누시더니, 내게 잠깐 기다리라고 하시고는 그곳을 나가셨다. 그러고 나는 다시 추가 검사를 하기 시작했다. 몇 군데를 갔는지도 기억나지 않을 정도로 이곳저곳 많이 들어가서 검사를 했다. 하지만 검사는 검사일뿐 통증은 그대로였다. 가장 크고 유명한 병원에 왔는데도 계속 검사만 하면서 몇 시간째 빙빙 돌기만 하니, 미칠 것만 같았다. 게다가 이 약을 쓰고 저 약을 써도 도통 안 듣고 의사는 계속 기다리라고만 하니, 내 마음은 갈수록 엉망이 되었다.

그런데 돌연, 목이 편해졌다. 왜인지는 모르겠는데 갑자기 좋아졌다. 목을 좌우로 움직이고 침을 삼키며 목 주변을 마구 주물러도 괜찮았다. 순식간에 꺾이고, 순식간에 돌아오고…. 이게 대체 무슨 난리인 건지! 나는 의사에게 목이 왜 꺾인 건지, 또 어떻게 해서 돌아오게 된 건지 물었다. 의사는 정확한 이유를 찾을 수 없으니 또 이런 일이 생기면 바로 오라고 했다. 때마침, 아빠가 오더니 내게 "이제 괜찮아졌지?"라고 말씀하셨다. 마치 내가 괜찮아진 걸 이미 알고 있던 사람처럼….

아빠는 모든 것을 알고 계셨다. 내 목이 꺾인 이유도 알고 계셨고, 목이 회복되지 않았던 이유도 알고 계셨다. 그 이유는 매우 단순하고 명료하다. 아빠가 담임 목사님의 어떤 제안을 거절했는데, 그 거절한 시간에 내 목이 꺾였다는 것이다. 그리고 뭘 해도 회복되지 않는 내 목을 보고서는 거절을 다시 돌이키지 않으면 끝나지 않을 것 같다고 생각하셨다. 그래서 내게 잠깐 기다리라고 하고서는, 병원 맨 지하실로 가서 기도하신 후 담임 목사님의 제안을 받아들이셨다. 다시 말해, 거절한 그 시간에 내 목이 꺾였고, 받아들인 그 시간에 내 목이 다시 돌아왔다.

짧은 이야기가 끝난 후, 얼마나 어이가 없고 분노가 터지던지….

나는 우연이라고, 이 모든 것은 완벽한 우연이라고 혼잣말했다. 반드시 우연이어야만 했다. 아빠의 거절에 왜 내가 고통을 당해야 하는가? 아빠가 거절한 게 나랑 무슨 상관이란 말인가? 하지만 이게 정말 사실이라면, 나는 대체 뭐란 말인가? 나는 아무 잘못이 없는데 누군가의 결정으로 내게 고통이 임한다면 이거야말로 진짜 저주 아닌가? 엄마는 하나님이 나를 특별히 여기셔서 그렇다고 하시는데, 두 번 특별했다가는 사람 골로 가겠다고 말했다. 말도 안 되는 소리는 내게 전혀 도움이 되지를 않았다.

내게 일어난 일은 하나님의 개입도 아니고 일하심도 아니라 생각했다. 이건 우연이라는 시간의 틈새가 창조해 낸 가장 완벽한 우연일 뿐이라 생각했다. '우연이다, 정확한 우연이자 가장 아름다운 우연이다.' 그런데 아무리 마음을 먹어 보고 우연으로 이것들을 이해하려 해도, 하나님 말고는 이 재수 없는 일을 설명할 길이 없었다.

'이것을 어떻게 이해해야 할까? 아빠가 거절했는데 하나님은 왜 내 목을 꺾었을까? 하필 왜 나인 건가? 나는 왜 아무 이유 없이 고통을 당하며 고생을 겪어야 하나?'

이해되지 않는 물음투성이였다. 나는 하나님께, 누군가 고통을 당해야 한다면 그건 잘못한 사람이 고통을 당해야지 왜 그게 나인 거냐고 계속 물었다. 아빠가 됐든, 엄마가 됐든, 동생이 됐든, 가족 중에 누가 또 잘못하면, 그때 또 내가 이렇게 어이없는 고통을 당해야 하는 거냐고도 물었다. 나는 이 모든 것이 말이 안 된다고 생각했다. 도저히 이해할 수 없었고 전혀 받아들일 수 없었다.

나는 하나님께 이 괴상망측한 일을 다시는 내게 하지 말아 달라고 간절히 아주 간절히 빌었다. 하나님은 마음대로 다 하실 수 있고, 하나님이 하시면 누가 그걸 막겠냐마는, 그래도 제발 내게 이런 말도 안 되는 일은 하지 말아 달라고 애걸했다. 하나님은 선하고 의로우시며 정의로우시니, 거절을 한 자가 맞아야 한다면 거절을 한 자를 때리시고 불복종을 한 자가 벌을 받아야 한다면 그 불복종한 자에게 벌을 내려 달라고 기도했다. 만약 내가 하나님께 잘못하고 하나님의 말을 듣지 않아 하나님께 맞는다면, 그걸 뭐라 하겠는가? 하지만 이건 아무리 생각해도 아니었다.

할 말을 다 해서인지 아니면 시간이 흘러서인지, 나는 이 해괴한 일에 대한 흥분이 조금씩 가라앉아 갔다. 그러나 흥분이 가라

앉는다고 해서 불안이 사라지는 건 아니다. 내게 하나님의 일하심은 완전한 자의 완벽한 불완전함이니, 언제 또 이게 터질지 모를 것 같았다. 그래서 더 무서웠다. 알 수 없음이 무서웠고, 하나님의 주권이 무서웠고, 하나님의 뜻이 무서웠고, 하나님의 선하심이 무서웠다. 또 하나님의 일하심에는 모순과 어그러짐이 없고 모든 것이 정의롭고 진실하다는데, 이것 또한 무서웠다. 내게 일어난 일이 이성과 상식에 똥칠을 하는 개판이라 하더라도 그게 하나님이 하신 일이라면 뭐든 다 옳고 선한 것일 테니, 내가 할 수 있는 게 없었다. 억울함과 분함, 그리고 알 수 없음이 주는 이 공포를 느끼는 것 외에는 아무것도 할 수 있는 게 없었다. 이런 일이 다시 없을 거라는 확신이라도 있으면 그나마 좀 나을 텐데, 그런 건 전혀 없고, 이것들은 계속 잘라도 자라는 손톱처럼 내 속에서 끊임없이 자라기만 했다.

나는 하나님의 이 괴상한 일하심을 두고서 오랫동안 끊임없이 물었다. 보편적이지도 않고 정의와 공의로움은 찾아볼 수도 없는 이 일에 대해서 말이다. 그렇지만 아무리 부르짖고 침묵하고 기다리고 귀 기울여 봐도 내게는 아무 응답도 감동도 없었다. 그러다 문득 이해할 수 없는 이 일을 하나님이 이해할 수 있게 해 준다면 나는 받아들일 수 있을까 생각해 봤는데, 절대 아니었다.

내가 '왜'를 이토록 찾은 것은 '왜'를 찾아서 원인을 제거하려 한 것이지 '왜'를 알아서 뜻을 받들려고 한 게 아니니 말이다. 하지만 이제는 '왜'를 알든 말든 상관없다. 하나님이 내게 또 이렇게 하시면 그 '왜'는 내게 아무 의미가 없으니….

하나님의 괴상한 일하심의 의미

모르겠다. 처음에는 고통 때문에 괴로웠고, 그다음에는 알 수 없음에 괴로웠고, 그 후에는 하나님의 이해할 수 없는 일하심이 괴로웠고, 나중에는 모든 것이 그저 열려 있음이 괴로웠는데, 이제는 도통 뭐가 뭔지 모르니 괴롭다. 누구는 내게, 하나님이 너를 사용하셨으니 그것만으로도 감사할 일이라며 억지로라도 감사하는 게 하나님 보시기에 좋은 모습이라 했다. 나는 너의 목이 꺾이든 부러지든 고통이 덮치면, 저 말을 고스란히 전해 주겠다고 다짐했다. 물론 나도 안다. 내게 일어난 일은 하나님께서 시작하신 일이니, 내 상황이 쑥대밭이 돼도 선하신 하나님을 믿으며 끝까지 기뻐하고 감사해야 하는 걸 말이다. 그러나 솔직히 나는 기쁘지도 않았고 감사가 나오지도 않았다. 나는 내가 이러면 안 되는 것도 알고 있고, 내 마음이 틀렸고 잘못된 것도 아는데, 왜 이렇게까지 그 아는 게 잘 안 되는 것인지, 나도 나를 잘 모르겠다.

하루는 컴컴한 기도실에 앉아 어둠 속 우두커니 서 있는 십자가를 봤다. 아무 생각 없이 그저 멍하게…. 그렇게 한참을 보고 있는데, 순간 엉뚱한 상상이 내 머릿속으로 쏙 들어왔다. 그 엉뚱한 동화 같은 상상은 바로 '나무들의 대화'였다.

용서 나무: 하나님께서 내 몸에 하나님의 아들을 매달아 죽게 두실 거래. 그래서 나 너무너무 괴로워. 왜 하필 내게 하나뿐인 아들을 매달리게 하시려는 거지?

정화 나무: 나도 들었어. 나도 너무 괴로워. 하나님께서 나는 칼날처럼 날카롭게 만들어서 그 아들 머리에 박히게 하실 거래. 나 어떡하지?

성결 나무: 나도 큰일이야. 나는 내 몸 끝에 창을 달아서 아들의 몸을 뚫게 두실 거래.

화해 나무: 나도 마찬가지야. 나는 내 몸 끝에 망치를 달아서

아들의 손과 발에 말뚝을 박게 하실 거래. 우리는 이제 멸망이야….

거만 나무: 너희들에게 미안하지만 나는 그나마 다행이야. 내 몸에는 범죄자가 매달릴 예정이거든.

잣대 나무: 나도 거만 나무와 동일하게 범죄자가 달리 예정이야. 이건 우리에게는 매우 정의로운 일이야.

용서, 정화, 성결, 화해 나무: ………

아무 생각 없이 십자가를 보고 있던 내게, 나무들의 억울함과 속상함이 전해졌다. 나무가 나무끼리 말을 할 수 있었다면 저들은 얼마나 무섭고 괴로웠을까? 무엇보다도 나무들은 하나님의 뜻을 알 수가 없으니 말이다. 그러나 하나님은 그 나무들의 두려움과 괴로움을 다 뒤집어엎으셨다. 십자가 나무는 예수의 피를 그 몸에 흔적으로 남겼고, 가시 면류관 나무는 예수의 피를 면류관에 가득 머금었고, 칼날과 망치를 입은 나무는 하나님의 사랑을 증명하는 흉터가 되었다. 이것은 은혜요, 은총이요, 영광이다. 그런데 이게 나무뿐이겠는가. 저 나무 십자가 때문에 죽은 자들과, 저 십자가를 위해서 죽어 간 사람들의 영광은 나무에 비할 수 없는 찬란이요 환희다.

그 순간, 왜 이런 동화 같은 상상을 내가 하게 됐는지 깨달아졌다. 나는 아무리 하나님께서 하신 일이라 할지라도, 그것이 알 수 없고 괴로운 일이라면 언제라도 '의문'이라는 이름으로 그악스럽게 하나님을 의심했다. 그런데 이제 그 짓 좀 끝내라는 것이다. 하나님이 나무들의 걱정과 불안을 역전시켰을 뿐 아니라 영광으로 옷 입혔으니, 이제 너도 그만 좀 억울해하고 하나님만을 믿으라는 것이다.

나는 '왜'를 버려야겠다고 생각했다. 그렇지 않으면 하나님의 일하심을 누릴 수 없을 것이란 생각이 들었다. 하나님이 나를 절벽에 세웠는데 그곳에서 '왜'를 찾은들 그게 내게 무슨 소용이 있겠는가. 하나님이 나를 파도 속에 빠트리면 그건 또 어떻고. 절벽에서의 '왜'는 절망만 키울 뿐이고 파도 속에서의 '왜'는 공포만 일으키지 않겠나. 그러니 나는 하나님만을 더 믿어야 한다. 그래야 절벽이 무대가 되고 파도가 예술이 되지 않겠는가. 그래야 뭔 일이 일어나도 내게 일어나지 않겠는가. 이스라엘 사람들이 바다를 걸음으로 걸어간 그 일처럼 말이다.

모세가 바다 위로 손을 내밀매 여호와께서 큰 동풍이 밤새도록 바닷물을 물러가게 하시니 물이 갈라져 바다가 마른 땅이 된지라, 이스라엘 자손이 바다 가운데를 육지로 걸어가고 물은 그들의 좌우에 벽이 되니, 애굽 사람들과 바로의 말들, 병거들과 그 마병들이 다 그들의 뒤를 추격하여 바다 가운데로 들어오는지라(출 14:21-23)

그렇지만 이게 내게 쉬운 일은 아니다. 아무리 은혜를 누리고 은총을 경험하고 기적 같은 날들을 받았어도, 아프고 괴로우면 언제나 뒤돌아서서 의심부터 하고 보는 내게는 더더욱…. 그래도 믿어야 했다. 하나님이 온갖 것들을 다 동원해서 나를 깨우시고 가르쳐 주셨으니, 하나님만을 믿어야 했다. 그러나 간질에 대해서도 하나님께 '왜'를 던지고, 생뚱맞은 이 기이한 현상에 대해서도 하나님께 '왜'를 던지는 내가 이걸 잘해 낼 수 있을지 의문이 들었다. 하지만 잘 안된다 하더라도 계속 믿어야 했다.

나는 실패할 수도 있다. 하지만 괜찮다. 여태까지도 실패하면서 왔는데, 실패가 하나 더 추가된다고 해서 더 나빠질 일이 없다. 단지 나는, 내 실패를 하나님이 창조의 재료로 써 주시길 바랄 뿐이다. 당신의 실패도, 내일 우리의 실패까지도….

19 하나님의 퍼즐

뭐든 다 할게

신학교를 졸업했다. 남들은 사역지를 정하기도 하고 진로를 바꿔 취업하기도 하고 학업을 계속 이어가기도 하는데, 나는 아무것도 하지 않았다. 그러고 싶었다. 신학교를 졸업한 사람이 무얼 하겠나. 해 봤자, 교회 전도사나 교회 관련 업무이지 않겠나. 그래서 나는 아무것도 하지 않았다.

밥벌이에 대한 걱정도 없었다. 안정된 직장이 있는 것도 아니고, 미래에 대한 계획이 있는 것도 아니고, 집이 여유로운 것도 아닌데, 크게 걱정되지 않았다. 생각해 보면 이런 내 마음가짐이 간질의 경험 때문인지는 모르겠다. 그러나 나는 오늘의 고통 때문에 내일이 싫었지, 내일의 알 수 없는 그 두려움 때문에 오늘이 괴로웠던 적은 없다. 나는 간질 때문에 오늘이 괴롭지, 내일이 괴로운 사람은 아니다. 그래서 밥벌이에 대한 걱정이 없지 않았나 싶기도 하다.

하루는 교회 전도사님이 내게 전도사를 권하며 교회에서 연락이 오면 고민하지 말고 순종하라고 하셨다. 나는 그 자리에서 싫다고 했다. 신학교를 다녔지만 교회에서 일하기 위해 다닌 것도 아니고, 신학대학원에 들어갈 마음도 없었으니 말이다. 그러자 그 전도사님은 내게, "하나님이 부르실 때 불순종하면, 나중에는 네가 원해도 하나님이 너를 쓰지 않으실 거야"라고 하셨다. 나는 알겠다며 대화를 마쳤다. 나를 위해서 해 준 말이었는지, 아니면 날 협박하는 말이었는지 모를 그 대화를…. 그 후 내게 한 번 더 권유가 있었지만, 또 싫다고 했다. 나는 내가 속한 조직에서 내가 할 수 있는 최대의 역할로 헌신했고, 그것만으로도 충분하다고 여겼다. 그래서 거절이 어렵지 않았고, 누가 전도사가 되든 상관없었다.

그해 12월의 어느 날, 감기에 걸린 건지 몸이 안 좋아 병원에 갔는데 입원해야 할 수준이었다. 검사 결과 원인 불명. 엄마는 내게 하나님의 말을 안 들은 게 있냐며 물었고, 하나님의 말을 안 들어서 하나님이 혼내시는 거라면 나는 진작에 맞아 죽었을 거라고 얘기했다. 아무튼, 병원은 내게 약물을 때려 넣어 가면서 염증을 잡았고, 나는 퇴원을 할 수 있었다.

그리고 다음 해 12월의 어느 날, 작년과 비슷한 증상이 있어 병원에 갔는데 또 입원할 수밖에 없었다. 검사 결과 또 원인 불명. 엄마는 내게 하나님께 회개할 게 있으면 바로 회개하고 순종할 게 있으면 당장 순종하라고 하셨다. 나는 내가 회개할 내용을 회개하지 못해 아픈 거라면 병원은 이미 미어터졌을 거고, 순종하지 않아 아픈 거라면 교회는 이미 순종하는 이들로 넘쳐 났을 거라고 말했다.

그다음 해 12월 어느 날, 이번에는 11월부터 몸도 사리고 한 번도 맞아 본 적 없던 예방 주사까지 맞으며 온갖 보양식을 먹고 운동까지 할 수 있는 모든 것을 다 했는데, 어김없이 입원을 하고 말았다. 증상은 똑같았고 원인은 찾을 수 없었다. 엄마는 또 내게, 하나님 말 좀 들으라며 얼마나 말을 안 들으면 이렇게 매년 때리시겠냐고, 고집 좀 작작 부리라고 하시면서, 고집부리면 부릴수록 내 손해라고 하셨다. 나는 인정할 수 없었고, 인정하기 싫었다.

또 그다음 해 12월 어느 날, 느닷없이 구토와 설사가 터져 나오기 시작하는데, 정말 무섭게 다 쏟아졌다. 입원했지만, 전혀 나아지지 않았고, 갈수록 나빠지기만 했다. 결국 입원한 병원에서 상급 병원으로 이송됐고, 다시 또 처치가 시작됐다. 하지만 상급 병원에서도 별 소용이 없었다. 그저 열이 오르면 발가벗겨 얼음물로 열을 내리고, 구토와 설사가 쏟아지기 시작하면 그대로 모든 것들을 쏟아 내게 할 뿐이었다. 나중에는 모든 장기가 위아래도 터져 나와도 이상하지 않을 정도였다. 이러다가는 죽겠다 싶었다. 열이 40도를 훌쩍 넘어갈 때는 고통이 느껴지기보다 오히려 고통이 느껴지지 않았다. 의료진들이 몸과 얼굴을 때리는 데도 크게 불편하지 않았으니. 그러다 열이 조금이라도 떨어지면 모든 고통이 하나하나 다 느껴져서 괴로웠다. 결국 나는 엄마에게 말했다.

"교회에서 뭘 시키든 다 할게, 지금 하라면 지금 하고, 저곳에 가라면 저곳에 가고, 멈추라면 멈추고, 뛰라면 뛸게. 다 할게! 뭐든 다 할게!"

엄마에게 말했지만, 사실 하나님께 말한 것이었다. 그리고 그날 밤, 그곳에서 편안하게 잠이 들었다. 하나님이 모든 일의 결론

이며 순종이 회복의 시작이 될 거라는 예측은 했다. 그러나 막상 이러니 얼마나 하나님이 치사하게 느껴지던지…. 감사한 마음보다도 약점을 건드리는 하나님이 야비하게 느껴졌다.

그 후 나는 약속을 지키기 위해 신학대학원에 들어갔다. 몇 개월 후 담임 목사님이 내게 전도사 사역을 제안했고, 나는 그 자리에서 바로 하겠다고 말씀드렸다. 그해 12월, 나는 12월이 어떻게 지나갔는지 모를 정도로 바빴고 힘찼다. 다음 해 12월, 병원에 갈 일은 병문안뿐이었다. 그다음 해 12월, 내게 모든 12월은 가장 바쁜 달이 되었다.

전도사를 거절한 후부터 수년 동안 같은 시기, 같은 증상으로 개고생을 했었다. 그런데 전도사를 하자마자 원인 불명의 그 열병이 다 사라졌다. 하나님은 대체 왜 이러시는 걸까? 나는 이걸 하나님의 이끄심으로 봐야 하는지, 아니면 하나님께 끌려가듯 전도사를 했으니 하나님께 잘못했다고 용서를 구해야 하는지 도무지 알기 어려웠다. 여기서 내가 알 수 있는 건 어이없는 일이 내게 또 일어났다는 것뿐이었다. 나는 하나님이 하셨다는 사실 말고는 이해할 수 있는 게 아무것도 없었다.

이 와중에 신기한 게 있다. 이렇게 못 먹고 못 잤는데도 발작하지 않았다. 신학교 입학 후 간질 증상이 멈췄다지만 아무리 그래도 이렇게까지 상태가 최악이면 쓰러질 수밖에 없는 건데, 나는 단 한 번도 발작하지 않았다. 그렇다면 나는 이걸 하나님의 지켜주심으로 봐야 할까? 아니면 하나님이 내 병을 조절하면서 내 상황을 조율해 가셨으니 하나님의 전략으로 봐야 할까? 이것 또한 전혀 알 수 없었다. 다만 여기서 내가 알 수 있는 건 하나님이 간질을 멈추셨고, 그 괴상한 열병을 지배 및 제한하셨다는 것이다. 나는 하나님께서 이 모든 것을 주관하셨다는 그 사실 외에는 말할 수 있는 게 아무것도 없었다.

최악의 상황

나는 이렇게 전도사가 됐지만, 열병이 사라진 거 말고는 별다른 일이 일어나지 않았다. 물론 별일을 바란 건 아니지만, 그래도 나를 이렇게까지 몰아가면서 세우신 데는 이유가 있지 않을까 생각했다. 예를 들면 의미 있는 역할을 맡는다든지, 특별한 그 무엇을 해 낸다든지 말이다. 하지만 이 생각은 오래가지 않았다. 나는 기본적인 일만 하는데도 하는 내내 힘들었으니 말이다. 게다가 작은 일이어도 책임질 일들이 많다 보니 스트레스 또한 컸다. 또 교회 일은 얼마나 많은지, 한번 일이 시작되면 규모와 내용과는 상관없이 끝날 줄을 몰랐다. 일은 또 다른 일을 만들어 내고 또 다른 일은 또 다른 상상을 현실로 만들어 내기 위해 일하게 했다.

교회는 참 바빴다. 봄이 오면 봄이 와서 바쁘고, 봄이 가면 여름을 준비해야 해서 바쁘고, 가을이 오면 여름을 정리하고 겨울을 맞이하느라 바쁘고, 겨울을 업고 있으면 봄이 앞에서 기다리고 있으니 바빴다. 무지개가 찾아오면 안아 줘야 했고, 햇살이 부르면 같이 걸어가야 했고, 비가 똑똑 거리면 그 노래를 귀에 담아야 했고, 바람이 끌어안으면 그 등을 쓰다듬어 줘야 했다. 쉼 없이….

신학교 입학 후 간질 증상은 멈췄지만, 발작은 어떻게 될지 모르는 일이기에 나는 늘 비상약을 소지했다. 그 비상약은 전조가 시작되면 증상을 조금이라도 누르는 약인데 부작용이 상당했다. 누구는 이런 나에게 간질을 공개하고 사람들에게 이해를 구하는 게 좋겠다고 했지만, 나는 싫다고 했다. 두 가지 이유에서 그렇다. 먼저는, 내가 경험한 간질의 세계는 폭력 아니면 방관이었고, 무시와 편견은 기본값이었다. 물론 그렇지 않은 경우도 있겠지만, 나는 그렇지 않은 경우를 경험해 보지 못했다. 그래서 사람들에게 말하기 싫었다. 교회 사람이라고 해서 사람이 아닌 건 아니니까. 두 번째, 약한 리더는 리더를 해서는 안 된다는 생각에서였다. 나는 간질을 숨긴 채 일들을 해 냈지만, 결국 이해를 구하는 시점이 온다면 리더는 하지 않는 게 바른 리더라 생각했다. 하여튼 나는 그 약을 늘 소지했다.

하루는 여름 성경학교 일로 밤을 꼴딱 새웠다. 비상약을 품에 꼭 품은 채로 말이다. 하지만 밤을 새우고 일을 마무리해도 그 비상약을 먹는 일은 내게 일어나지 않았다. 그다음에도, 또 그다음 해에도…. 신체적인 피로와 정신적인 스트레스, 수면 부족이 겹쳐도 약을 먹을 일은 없었다. 바쁘고 지치고 균형을 잃어도 그 약은 바깥으로 한 번도 나온 적이 없다. 약이 내 품에 그대로 있는 게 얼마나 짜릿하던지…. 나는 하나님께 약을 잃어버려도 괜찮은 날이 속히 오길 바랐다.

놀라운 일은 이뿐만이 아니다. 하루는 사역자들과 야구를 했는데, 나는 포수 마스크도 착용하지 않은 채 깝치다가 투수가 던지는 공에 눈을 제대로 맞았다. 그때 얼마나 충격이 크던지, 말로 표현이 안 된다. 순간적으로 눈이 부어오르는 게 손으로 느껴지는데, 나는 앞이 보이는지를 확인하기 위해 손가락으로 눈을 억지로 벌렸다. 그러나 시야는 먹물이 번지듯 검게 번져가면서 순식간에 깜깜해져 버렸다. 병원으로 가는 길, 좆 됐다는 생각과 감사한 마음이 내 안에 어지럽게 공존했다. 이걸 뭐라 말해야 할지, 좆같으면서도 이상하게 하나님께 감사했다. 나는 감사할 상황도 아니고 감사하지도 않았는데, 자꾸만 감사한 마음이 내 상황과 상관없이 터져 나왔다. 내 상황은 감사가 아닌데 내 마음은 감사했다. 개소리 같겠지만, 이게 내가 표현할 수 있는 최선이고 사실이다.

병원에 도착했다. 의사는 내 눈을 벌리고 자기 손가락이 몇 개를 가리키냐고 물었다. 나는 몇 개를 가리키는지 보이지 않았다. 그러나 손가락이 몇 개인지는 안 보여도 움직임은 보였다. 그러자 의사는 다행히 신경은 안 죽은 것 같다며 큰 병원으로 가라고 했다. 다른 병원에 도착 후 입원과 함께 검사가 진행됐고, 검사 결과 의사는 운이 매우 좋았다고 했다. 보통은 광대뼈가 박살 나거나 코가 깨지거나 이마가 부서지거나 눈이 터지는데, 나는 어디 하나 부스러진 곳 없이 그저 금이 가고 부러진 게 다라고 했다. 무엇보다 놀라운 건, 이렇게 강하게 충격을 받았는데도 나는 발작하지 않았다는 사실이다. 발작할 수밖에 없는 최악의 상황인데도 발작은 없었다.

신기하다. 하나님이 내게 하신 이 모든 일들이…. 어제까지 쓰러지던 내가 신학교 입학 후 쓰러지지 않았고, 매년 열병에 정신 못 차리던 내가 전도사를 시작한 후 열병은 사라졌고, 매번 무리하면 안 되던 내가 전도사의 길에선 어제들의 무리를 하더라도 괜찮았으니…. 그렇지만 신기한 건 신기한 거고, 나는 하나님께 다시 또 물었다. 아픈 게 싫어서 신학교도 가고 전도사도 한 건데, 그렇다면 이건 하나님이 내 신체 고통을 조종하면서 이끌어 낸 유도 순종 아니냐고 물었다. 그리고 이 유도 순종은 결국 조건부 순종 아니면 거래 순종으로 결론 날 텐데, 그게 하나님이 원하시는 거냐고 물었다. 하나님이 하라시는 것 하고, 가라시는 곳 가니까, 간질도 멈추고 열병도 멈춘 건데, 만약 내가 안 하고 안 가면 다시 발작을 하도록 그냥 두실 거냐고도 물었다. 혹시 내가 계속 말을 안 들으면 또 때리실 거냐고 물었고, 끝까지 말을 안 들으면 나는 죽는 거냐고 물었다.

꽃이 피면 꽃이 지는 게 이치인데, 내 물음은 피어나기만 할 뿐 지는 길을 찾을 수 없었다. 음… 이제는 모르겠다. 수년간 답도 없고 느껴지는 것도 없다.

하나님 안에서, 하나님에 의해

이런 내게 어이없는 일이 일어났다. 전도사를 그만뒀는데, 그날 바로 전조 증상이 나타났다. 빌어먹을, 이건 착각이 아니다. 수년간 한 번도 일어나지 않았다고 해서 이걸 내가 헷갈릴 일은 없다. 간질의 고통과 공포는 어제의 기억이 아닌 오늘의 현실이니 말이다.

나는 나를 짓누르던 그 긴장이 풀려서 증상이 나타난 것인지, 아니면 내가 심리적으로 문제가 있어서 그런 것인지, 혹 정신적인 문제가 있어서 특정 경우에 증상이 발현되는 것인지, 온갖 경우들을 다 생각하며 확인해 봤다. 그러나 아무리 생각해 보고 따져 봐도 하나님 외에는 이걸 설명할 길이 없었다. 그래, 하나님이 다 하셨다. 간질을 멈추신 것도 하나님이고, 그 공포스러운 간질의 스위치를 다시 켜신 것도 하나님이셨다. 원인 없는 열병을 일으키신 분도 하나님이시고, 그 열병을 잠재우신 분도 하나님이셨다. 그렇다면, 나는 이 정해진 길에 있어야만 괜찮은 것일까? 모르겠다. 하나님께서 주시는 감동도 없고 깨달아지는 것도 없다. 나는 이해가 중요하고 설명이 필요한데, 하나님은 발작이 없는 전조 증상으로만 응답하실 뿐이다.

나는 결론을 낼 수도 없었고, 이 모든 것들을 이해할 수도 없었다. 하지만 딱 하나만은 분명하게 말할 수 있겠다. 나는 하나님 안에 있다.

하나님 안에 있다는 것을 정확하게 이것이라고 설명할 수는 없지만, 내가 하나님 안에 있다는 것은 분명하다. 내 삶에서 일어나는 일들이 이것을 증언한다. 간질을 앓고 있는 다른 사람들은 어떤지 모르겠지만, 적어도 내게 발작 없는 전조 증상은 하나님의 개입이자 직접적 관여이니…. 아무튼 확실한 건, 간질이 됐든, 열병이 됐든, 사고가 됐든, 내게 일어난 이것들은 다 하나님 안에서 하나님에 의해 관리됐다.

그 하나님이 지금도 내게 일을 행하신다. 이해되지 않지만, 다 설명할 수 없지만, 이상하게 느껴지지만, 하나님의 일하심은 절대 부정할 수 없는 사실이다. 그 하나님께서 지금도 당신에게 일을 행하신다. 이해되지 않겠지만, 설명하기 어렵겠지만, 이상하게 느껴지겠지반, 하나님의 일하심은 절대 부정할 수 없는 사실이다.

나는 오늘도 그 이해되지 않는 하나님을 믿는다. 당신은 어떤

가? 이해되지 않는 퍼즐 안에서 괴로운가? 그렇다면 당신도 나처럼, 그 퍼즐의 제작자인 이해되지 않는 하나님을 믿길 바란다.

20 통제와 통치

기다리시는 하나님

정확히 어느 순간부터였는지는 기억나지 않지만, 나는 꽤 오랫동안 하나님이 나를 간질로 통제한다고 생각했다. 말을 들으면 괜찮고, 안 들으면 아팠으니 말이다. 그런데 문득 이것이 틀렸다는 것을 알게 됐다.

결론부터 말하자면, 통제는 하나님이 아닌 내가 했다. 내가 살기 위해 나를 숨겼고, 차별당하지 않으려고 나를 감추었고, 평범해 보이려고 나를 덮었고, 다르게 보이는 게 싫어 나를 파묻었으니, 나를 통제한 것은 바로 나였다. 이 고통에서 구해 달라고 하나님께 기도하면서도 모든 방법을 동원해 나를 지키고 보호했으니, 하나님의 가능성과 기회는 나에게 통제를 받은 셈이었다. 물론 하나님은 내 의지와 상관없이 하나님의 뜻을 이루실 수 있다.

그러나 하나님은 그렇게 하지 않으셨다. 답은 간단했다. 하나님은 내가 정신 차릴 수 있도록 침묵하셨다.

그렇다면, 말을 들으면 괜찮고 안 들으면 아픈 것이 하나님의 통치일까? 생각해 봤는데, 그것도 아니다. 나는 하나님의 통치에 관해 이것저것 알아보고 이래저래 생각도 해 봤지만, 결국 답은 매우 간단했다. 그건 손을 내밀어 주시는 하나님의 성실에 있었다. 이게 무슨 말이냐 하면, 나는 겨자씨 한 알 같은 믿음이 있기는커녕 되레 의심만 덕지덕지 붙어 있고 의문은 산 같이 있었다. 하지만 하나님은 이런 내게 손을 내밀어 주셨다. 이것이 바로 하나님의 통치다.[16] 믿지 않는 자를[17] 배격하지 않으시고, 의심하는 자를[18] 배척하지 않으심이 하나님의 통치다.

나는 간질 때문에 늘 실망하고 매번 의심했다. 그러나 구원하시는 하나님에 대한 믿음이 사라지지는 않았다. 의문이 터지고 마

---

16 상한 갈대를 꺾지 아니하며 꺼져가는 등불을 끄지 아니하고 진실로 정의를 시행할 것이며(사 42:3)

17 다른 제자들이 그에게 이르되 우리가 주를 보았노라 하니 도마가 이르되 내가 그의 손의 못 자국을 보며 내 손가락을 그 못 자국에 넣으며 내 손을 그 옆구리에 넣어 보지 않고는 믿지 아니하겠노라 하니라 여드레를 지나서 제자들이 다시 집 안에 있을 때에 도마도 함께 있고 문들이 닫혔는데 예수께서 오사 가운데 서서 이르시되 너희에게 평강이 있을지어다 하시고 도마에게 이르시되 네 손가락을 이리 내밀어 내 손을 보고 네 손을 내밀어 내 옆구리에 넣어 보라 그리하여 믿음 없는 자가 되지 말고 믿는 자가 되라(요 20:25-27)

18 예수께서 즉시 손을 내밀어 그를 붙잡으시며 이르시되 믿음이 작은 자여 왜 의심하였느냐 하시고 배에 함께 오르매 바람이 그치는지라(마 14:31-32)

음속으로 원망과 미움이 폭발했을지라도 말이다. 오히려 하나님은 내 의심을 무시하지 않으셨고 마주하셨다. 그렇기에 내 의심은 날카로운 믿음이 되는 동시에 구원을 이루는 해독제가 될 수 있었다. 결국 하나님의 통치가 있었기에, 내 아픔은 구원의 재료가 될 수 있었고, 내 의심은 하나님 앞에서 빛날 수 있었다.

이 하나님의 통치는 당신에게도 마찬가지다. 하나님을 믿든 안 믿든, 알든 모르든 하나님은 당신을 통치하신다. 하나님의 통치는 강도와 같지 않다. 하나님의 통치는 정의를 앞세운 지배도 아니고 공의를 입은 장악도 아니다. 하나님은 선하시기에 당신의 손을 기다리신다. 그러니 일단 그 손을 잡자. 잘 몰라도 잡고, 의심이 되어도 잡자.

또한, 하나님은 구원하시는 분이시다. 하나님은 당신을 구원하길 원하신다. 구원하시는 분은 깡패가 아니시기에 당신의 그 손을, 그 마음을 기다리신다. 잡아라. 당신은 하나님께 구원받아야 한다. 간질에서의 구원을 넘어서는, 영원한 죽음으로부터의 구원을. 하나님을 아버지라 부를 수 있는 그 절대적 구원을, 하나님의 자녀가 되는 본래의 구원을 말이다.

간질에서의 해방이 구원의 핵심이 아니다. 구원의 핵심은 병으로부터의 해방이 아니라 근본적인 절망으로부터의 해방이다. 그 구원이 여기 '예수'에 있다.

> **누구든지 주의 이름을 부르는 자는 구원을 받으리라(로마서 10:13)**

검사 결과, 이상 없음

2024년 2월 23일, MRI.
2024년 3월 4일, 뇌파 검사.

뇌파 검사는 나에게 공포다. 뇌파 검사는 곧 발작이나 다름없었다.[19]

"자, 시작합니다."

의사의 말과 함께, 어둠 속, 눈으로 빛이 쏟아지기 시작했다. 영

---

[19] 눈에 강한 빛을 빠르게 쏘며 과호흡을 유도한다. 강한 빛의 반복과 과호흡은 발작을 일으킨다.

화나 영상을 볼 때 빛이 번쩍이거나 빠르게 반복되면 나는 늘 눈을 감는다. 그러나 이곳에서는 그렇게 할 수 없다. 번쩍이는 빛을 그대로 쭉 보고 있어야 한다.

처음 내리쬐는 빛은 진하지도 빠르지도 않으니 괜찮았다. 시간이 갈수록 점점 빛의 속도와 밝기가 세졌다. 나는 평소와 다르게 계속 그 빛을 볼 수 있었다. 어떻게 된 일인지 빛은 견딜 만했다. 나는 '뇌파검사 빛이 최근에 좀 바뀐 건가?' 하고 생각하면서 빛을 계속 봤다. 이상했다.

'어? 이럴 리가 없는데….'

나는 빛이 더 진해져도 볼 수 있었고, 더 빠르게 쏘아붙여도 괜찮았다. 그리고 바로 과호흡으로 검사를 진행했다. 놀랍다. 나는 빛을 보고 있으면 항상 의식을 잃었기에, 과호흡은 해 본 적이 없었다.

그렇게 검사가 끝났고 나는 누구의 부축도 받지 않은 채 제정신으로 검사실을 걸어 나왔다. 게다가 얼굴과 머리에 묻은 검사 약품을 제거하기 위해 화장실에서 씻기까지 했다. 이게 누구에게는 별일이 아니겠지만 내게는 별일 중의 별일이었다. 말이 안 되었다. 이건 단순히 컨디션의 문제가 아니었다.

검사 결과, "이상 없음."

의사는 간질이 생기는 이유가 다양하듯 간질이 멈추는 이유도 다양하니 '이상 없음'의 이유를 하나로 특정할 수 없다고 했다. 또한 간질은 완치가 없는 병이니 꾸준히 관리하면서 지켜봐야 한다고 했다. 검사는 이상 없는데 발작을 하는 경우도 있고 그 반대도 있으니 지속적인 검사가 중요하다고 거듭 강조했다. 의사는 계속해서 덤덤히 이것저것 설명했다.

병원을 나와 길을 걷는데, 하나님의 완전하고 정확한 통치하심이 너무 기가 차 웃음이 났다. 나는 신학교, 전도사, 목사를 하나같이 하기 싫어했고 도망쳤다. 그러나 결국 하게 됐다. 자발적으로 한 건 단 하나도 없다. 다 하나님께 맞고 나서야 억지로 했고, 아프니까 살기 위해서 했다. 하지만 하나님은 매번 의심하고 억지로 하는 내게 찾아오실 뿐 아니라, 무증상의 시간을 허락하셨다. 다만 전도사를 그만두니, 발작 없는 전조 증상이 나타났다.

통치 안에서 살아라

지금의 '이상 없음'도 저 때와 크게 다를 게 없다. 나는 이 글을 쓰는 것이 미치도록 싫었지만, 하나님은 나로 하여금 쓰게 하셨고, 억지로 하는 내게 '이상 없음'을 주셨다. 그렇기에 나는 안다. 전도사를 그만뒀을 때처럼, 이 길에서 도망치면 또 '이상 있음'이 될 거라는 걸.

이를 통해 알 수 있는 것이 있다. 먼저는, 하나님 안에 있어야 산다는 것. 말 그대로다. 그 안에 있어야 산다. 그리고 하나님께서 다 하신다는 것. 나를 부르신 분도 하나님이시고, 뭐가 됐든 그것을 하게끔 상황을 몰아가신 것도 하나님이시고, 씩씩거리면서 억지로 한 내게 '이상 없음'을 주신 분도 하나님이시다.

너희 안에서 착한 일을 시작하신 이가 그리스도 예수의 날까지 이루실 줄을 우리는 확신하노라(빌 1:6)

하나님은 통치하신다. 의심하는 당신에게도, 의문을 던지며 저항하는 당신에게도, 도망쳐 버린 당신에게도, 저주하며 조롱하는 당신에게도, 숨어 버린 당신에게도, 이제는 지쳐 아무것도 하기 싫은 당신에게도, 죽음 앞에 서 있는 당신에게도 하나님은 통치하신다.

그러니 어제와 똑같은 오늘이라 할지라도, 기대가 농락되고 희망이 희롱 거리가 될지라도, 하나님의 통치가 당신의 바람과는 다를지라도, 이제 더는 하나님을 믿을 수 없어 하나님을 거부하는 지경에 왔더라도, 살아라. 살아야 한다.

하나님의 통치는 이미 시작됐다. 내 의심은 지금도 계속되지만, 하나님의 통치도 영원히 계속된다.

숨바꼭질은 끝났다

하루는 늦은 밤길을 걷는데, 거리를 비추는 불빛이 마치 어둠을 끄려는 불빛 같아 보였다. 불빛이 어둠을 비춘다는 것과 불빛이 어둠을 끈다는 것은 말만 다르지 같은 뜻이다. 그러나 내 느낌은 그것과 조금 달랐다. 불빛은 어둠을 밝히는 게 아니라 어둠을 박살 내기 위한 땅의 침범 같았다. 무엇이 날 그렇게 느끼게 했는지 모르겠다. 오로지 느낌만 있다. 사방으로 퍼지는 불빛은 어둠을 끄기 위해 밤하늘에 침입하는 것 같았고, 하늘로 솟구치는 불빛은 어둠에 뿌리를 내리는 것 같았다.

하지만 어둠을 끄려고 땅의 빛이 발악을 하면서 사납게 어둠을 찔러 대도, 밤하늘 어둠은 땅의 빛에게 절대 박살 나지 않을 것 같았다. 오히려 땅의 불빛이 타오르면 타오를수록, 밤하늘 어둠

은 더욱더 진하게 타올랐다. 나에게 밤하늘 저 어둠은 매우 단단
해 보였고 웅장했다.

그런데 불현듯, 땅의 불빛이 마치 나 같았고 밤하늘의 어둠은 하
나님 같다는 생각이 들었다. 무엇보다 이 색깔 저 색깔, 이 모양
저 모양으로 빛을 내는 땅의 불빛은, 하나님을 믿는다면서 의심
하고, 바라면서 도망치고, 찾으면서 숨고, 구하면서 거부하는 내
모습 같았다. 반면 화려하지 않지만 깊고 진한 저 어둠은, 날 이
끄시는 하나님 같았다.

늦은 밤길에서 느낀 느낌이 워낙 신선하다 보니 뭔가 큰 깨달음
이 있을 줄 알았는데, 깨달음은커녕 나 자신이 고스란히 보이니
생각이 많아졌다. 많은 생각들을 이리저리 정리해 보려는데 잘
정리되지 않았다. 생각하면 할수록, 이 생각들은 잘 정리되기 힘
들겠다는 생각만 들었다. 생각에는 흐름이라는 게 있는데, 나에
게 일어나는 생각과 느낌은 논리도 없고 연관성도 찾을 수 없으
니 더욱 그러했다.

생각이 잘 정리되지 않았지만, 나름 편했다. 답을 못 찾은 게 아
니라, 답이 없는 것으로 마무리했으니 말이다. 생각해 보면 이

땅에는 정리되고 설명되는 것보다는 정리되지 않고 설명되지 않은 것들이 더 많지 않은가. 어둠이 하나님 같다고 느끼는 이것 또한 설명되지 않는 것이다. 그 느낌 또한 이유와 맥락이 없었다. 그것은 정리해야 할 영역이 아니다. 그냥 느껴진 것이니 말이다.

나는 아무것도 없는 어둠 속에서 어둠을 마주할 뿐이었지만, 그곳은 하나님으로 가득 찼다. 이것은 어떤 말로도 표현할 수 없고 설명할 수 없다. 설명할 수 없음과 확신이 공존하는 게 모순적이지만, 그 모순은 어둠 앞에서 우상이 될 뿐이었다. 그 어둠이 너무 크다. 어떤 불빛이 타오르든 더욱 진하게 타오르는 밤하늘의 어둠은 자신의 뜻을 넉넉하게 이루시는 하나님이시다.

나는 땅의 불빛들 사이로 내리쬐는 그 어둠에서 하나님을 느껴 버렸다. 상처투성이인 이 길바닥 어둠 속에서, 보이지 않는 그 하나님을 말이다. 이제 이곳에 숨을 곳은 없다. 숨바꼭질은 끝났다.

밤하늘 저 어둠을 끌 수 있는 빛이 있을까? 아니면 저 어둠을 삼킬 수 있는 더 큰 어둠이 있을까? 아무리 생각해 봐도 저 강렬한 어둠을 품거나, 몰아내거나, 끌 수 있는 건 없어 보였다.

나는 하늘의 별빛도 아무 흠집을 내지 못하는 저 어둠이 왠지 좋
았다. 아무것도 없고 아무것도 보이지 않는 저 깨끗한 어둠이….

나는 그날, 밤하늘 아래서 오래도록 어둠을 쟀다.